曾国藩用兵谋略
——看勇者如何带兵

曾国藩 著
刘小沙 译

中国书籍出版社
China Book Press

图书在版编目(CIP)数据

曾国藩用兵谋略：看勇者如何带兵 /（清）曾国藩著；刘小沙译. -- 北京：中国书籍出版社, 2015.1

（曾国藩全集精粹典藏本）

ISBN 978-7-5068-3365-3

Ⅰ.①曾… Ⅱ.①曾… ②刘… Ⅲ.①曾国藩（1811～1872）—兵法 Ⅳ.① E892.52

中国版本图书馆 CIP 数据核字 (2013) 第 021287 号

曾国藩用兵谋略——看勇者如何带兵

曾国藩 著　刘小沙 译

策划编辑	武　斌
责任编辑	杨铠瑞
特约编辑	陈　娟　李明才
责任印制	孙马飞　马　芝
封面设计	北京天元晟然文化发展有限公司
出版发行	中国书籍出版社
地　　址	北京市丰台区三路居路 97 号（邮编：100073）
电　　话	（010）52257143（总编室）　（010）52257140（发行部）
电子邮箱	chinabp@vip.sina.com
经　　销	全国新华书店
印　　刷	三河市汇鑫印务有限公司
开　　本	710 毫米 ×1000 毫米　1/16
字　　数	300 千字
印　　张	12.25
版　　次	2015 年 1 月第 1 版　2015 年 1 月第 1 次印刷
书　　号	ISBN 978-7-5068-3365-3
定　　价	29.80 元

版权所有　翻印必究

总　序

　　曾国藩是影响最大的晚清人物之一，他靠镇压太平天国起义起家，是清朝的"救命恩人"；他整顿湘军，使湘军将帅廉勇，军纪严明，成为一支骁勇善战的军队；他"匡救时弊"、整顿政风，倡导学习西方文化，发起洋务运动，使晚清出现了"同治中兴"；他克己唯严，标榜道德，崇尚气节，身体力行，获得了许多人的拥戴；他的学问文章兼收并蓄，博大精深，是近代大儒，"其著作为任何政治家所必读"；他以自己的独特经历和行为，成就了儒家的修身、齐家、治国、平天下目标和立功、立德、立言"三不朽"事业，甚至有人称其为"中华千古完人"。

　　曾国藩当然不是什么"中华千古完人"，其武功德行也由于时势的律动呈现出复杂的效应。但不可否认的是，曾国藩一生言行，的确体现了高超的智慧，值得后人认真总结，细致玩味。近年来，曾国藩论著的流行，正是这种需求的有力印证。作为对曾国藩思想智慧的分类展示，我们精心编选了《曾国藩全集精粹典藏本》，书系包括了《曾国藩家书·家训：看先贤如何齐家》《冰鉴·日记：看领导者如何识人、修身》《败经·挺经：看智者久立不败之术》《曾国藩奏折：看名臣如何上书》《曾国藩用兵谋略：看勇者如何带兵》以及《曾国藩诗文集：看学者笔下生花》，集结了曾国藩智慧的精华部分。

　　《曾国藩家书家训》整理并收录了《家书》七篇和《家训》五篇，全书行文从容镇定，形式自由，在平淡家常中蕴含真知良言，具有极强的说服力和感召力。

《冰鉴·日记》整理并收录了《冰鉴》七篇和《日记》八篇。《冰鉴》全面深入地剖析了辨貌、观行、识人的要领，可帮助人们在纷繁复杂的人际交往中分辨人的品格、能力和德操，在现代社会仍有借鉴意义。曾国藩一生坚持写日记，在日记中他记录自己的行为、反思自己的过错、检讨自己的得失，其中所体现的严于律己的精神是其取得功绩的秘诀之一。

《败经·挺经》整理并收录了《败经》十八篇和《挺经》十八篇。《败经》是一部具有实用价值的析败致胜的佳作，其内容包括曾国藩一生对"败"的深刻理解与感悟。《挺经》乃曾国藩对自己一生成功经验和失败教训的全面总结，言简意赅地表达了曾国藩成就事业的要旨、心得。

《曾国藩奏折》整理并收录了曾国藩生前的奏折数十篇。全书体现了晚清时期大臣与君王之间的微妙关系，将曾国藩在险恶政治环境中的生存智慧清晰地呈现在读者面前。

《曾国藩用兵谋略》是曾国藩对自己治军思想的高度总结，阐发了诸如军事上如何选用人才、如何对待将领、如何进行改革等许多道理，对现代读者的人生、工作、事业同样有着宝贵的借鉴意义。

《曾国藩诗文集》分为文集和诗集两部分。曾国藩一生留下了大量的文章、诗歌，后世文章大家梁启超对曾国藩的文章大加称赞，说单就文章而言，曾国藩也"可以入文苑传"。本书选取了曾氏的诗文代表作，让读者得以领略这位晚清名臣的文字造诣和文学修养。

阅读《曾国藩全集精粹典藏本》，可以让我们全方位地认识曾国藩、了解曾国藩，领略曾国藩的智慧与学识，进而通过曾国藩形象地感受中国传统文化的精彩与局限。

前　言

曾国藩是晚清统治集团的核心人物，他带领湘军南征北战十余载，将曾轰动半个中国的太平天国运动残忍镇压，让腐朽的清朝统治延长了将近半个世纪的寿命，由此获得了"中兴名臣"的称号，在中国近代军事史上有着特殊重要的地位。

曾国藩军事思想丰富，用兵谋略精湛，其用兵之道深深地影响了几代人，同一时期的湘、淮军将领都以曾国藩为表率，近代的黄兴、蔡锷等军事家也以曾国藩的治军方略为高标。民国军事家蒋方震在他的《国防论》中更是将曾国藩誉为中国近代史上的"一个军事天才家"，鼓励将领者以曾国藩为楷模，可见其影响之大。

本书精心梳理了曾国藩的用兵谋略，从中挑选出了最具代表性的经典篇章，辑录成册。为了让读者更好更快地理解曾国藩的兵法谋略，本书还专门为每一篇文章配上了译文。整本书结构顺畅，语言通俗易懂，将曾国藩一生的治军谋略精要内容清晰地展现在读者面前，相信能让读者受益匪浅。打开本书，用心品读，让我们一起走进曾国藩的时代，去看看这个军事奇才如何带兵打仗。

总序 ………………………………………………… 1

前言 ………………………………………………… 3

裁减绿营　以节糜饷 ……………………………… 1

壮勇贵精不贵多　设局宜合不宜分 ……………… 3

防守之道要在人心镇定　其次须查拿奸细 ……… 5

严立团规　力持风化 ……………………………… 6

当今之势务在激劝成仁取义 ……………………… 9

严禁军士取民一草一木 …………………………… 11

乡村宜团不宜练　城厢宜练不宜团 ……………… 12

与其练现在之兵　不如练新募之勇 ……………… 13

团练之事　当重在团 ……………………………… 14

招募兵勇应与之坚约 ……………………………… 16

欲言战必先诸将一心，万众一气 ………………… 18

树兵勇正气　不犯民众秋毫 ……………………… 20

扶树风声激发士气 ………………………………… 22

精简兵勇以节糜费 ………………………………… 23

当赶办舟船以应付时局 …………………………… 24

大局糜烂不可袖手旁观 …………………………… 25

不教之卒终难当虎狼之贼 …………………………………… 26

扬湘勇之长　克湘勇之短 …………………………………… 27

剑戟不利　不可以断割　毛羽不丰　不可以高飞 …… 29

艰难百战之卒出自勤操苦练 ………………………………… 31

严汰兵勇赶制器械 …………………………………………… 33

治军之道，务在召募精壮而受约束之卒，
择血性而晓军事之君子将之 ………………………………… 36

求带勇之人　难于募勇 ……………………………………… 38

嘱雇船募水手之事 …………………………………………… 39

陆军军制当以《握奇经》
之天地、风云、龙虎、鸟蛇为极善 ………………………… 42

嘱统兵事宜 …………………………………………………… 44

善用士气者宜算毕而后战 …………………………………… 46

用兵者必先自治而后制敌 …………………………………… 48

攻城最忌蛮攻 ………………………………………………… 50

兵犹火勿戢将自焚 …………………………………………… 51

须体恤兵勇之劳苦 …………………………………………… 52

兵事喜诈而恶直 ……………………………………………… 53

今日之善退正以为他日善进之地 …………………………… 55

用兵以"主客"二字为重 …………………… 56

蓄养锐气　善刀而藏 …………………………… 58

营官切不可有颉颃之气 ………………………… 59

用兵之道不日进则日退 ………………………… 61

为政治军当有判断是非之公心 ………………… 62

用兵当详慎不苟 ………………………………… 64

行兵但宜稳扎不宜轻进 ………………………… 65

嘱操兵事宜 ……………………………………… 66

打仗不怕挫败　只怕伤亡太多 ………………… 67

兵勇宜专习一途 ………………………………… 69

水师不宜改习陆战事 …………………………… 71

军事非权不威非势不行 ………………………… 72

调营马以练马队最为要着 ……………………… 73

用军取势　当依情而定 ………………………… 74

须以劲兵驻守湖口 ……………………………… 75

骄怯多欲则不能坚守阵地 ……………………… 76

适时择补实缺激励士气 ………………………… 78

凡事当求不违于势不悖于理 …………………… 80

主战以安定人心而待事机之转 ………………… 81

治军以勤为先 …………………………………… 82

虑周则守备牢固 ………………………………… 84

我军人少时宜各个击破敌军 …………………… 85

中兴在乎得人不在乎得地 ……………………… 87

不吸烟不扰民是办事根本 ……………………… 89

用军当以守为攻 ………………………………… 90

或战或守　宜相度天时 ………………………… 91

宜募足兵力　才可纵横如意 …………………… 92

保固防所宜同心协力 …………………………… 93

用军须专不可两头兼顾 ………………………… 94

战守兼资布置最妥 ……………………………… 96

军队营制以无妨碍为佳 ………………………… 97

治军贵纪律严明 ………………………………… 99

营中无事当以勤操为第一要义 ………………… 100

军中将领切忌浮滑 ……………………………… 101

整顿营伍　一要挑兵亲练　二要选将补缺 …… 102

训练未熟不宜出仗　爱民为行军第一义 ……… 104

派兵交洋人训练断不可多 ……………………… 106

战阵须靠本营之兵力 …………………………… 107

当以练兵为先务 …………………………… 108

宜坚守勿浪战 ……………………………… 109

用兵之道在人不在器 ……………………… 110

战事不可冒险轻进 ………………………… 111

治军宜勤俭谨信 …………………………… 112

散漫之贼以要击为佳 ……………………… 113

若招致智巧洋人为我所用　虽万金不吝 … 114

若攻坚不果不宜再打 ……………………… 116

敌资财最易误事 …………………………… 117

应设法严禁军队搔扰 ……………………… 119

整顿营务毋求速效 ………………………… 120

带勇之法以体察人才为第一 ……………… 122

真心爱兵勇百姓　则可得勇心民心 ……… 123

兴办土城以作合围 ………………………… 125

庸人以惰致败　才人以傲致败 …………… 127

办大事者以多选替手为第一义 …………… 128

选将以打仗坚忍为第一义 ………………… 129

善将兵者当日日申诫将领训练士卒 ……… 130

身居绝地宜谋自救之法 …………………… 132

用兵最重气势 …………………………………… 133

制胜之道在人不在器 …………………………… 134

审力贵于审机审势 ……………………………… 136

行军宜藏 ………………………………………… 137

用兵之道　全军为上 …………………………… 138

用兵宜用活兵轻兵 ……………………………… 139

避捻军之长处攻其短处 ………………………… 141

兵者　阴事也 …………………………………… 143

士气既主振奋　尤重忧危 ……………………… 145

劝诫营官四条 …………………………………… 147

晓谕新募乡勇 …………………………………… 151

禁扰民之规 ……………………………………… 156

禁洋烟等事之规七条 …………………………… 157

附录一　曾国藩大事年表 ……………………… 159

附录二　曾国藩家族谱系 ……………………… 169

参考文献 ………………………………………… 184

裁减绿营 以节糜饷

【原文】

复毛鸿宾（一） 咸丰元年

三月之初，曾陈《练兵》一疏，以国家养兵岁饷千八百馀万，既已不胜其费矣。而乾隆四十七年，一举而增绿旗兵六万有奇，每岁多糜饷而馀万，请仍裁此项兵，缺出不补，以济今日度支之绌。四月之末，又条陈一疏，以乾隆初元，孙文定陈《三习一弊》札子，论者谓足开六十年太平之基。今天子躬尧舜之资，亦当预防美德中之流弊，以开无疆之祚。

【译文】

复毛鸿宾（一） 咸丰元年

三月初的时候，曾经向您呈上了《练兵》一疏，在里面写到国家要养兵，每年需要的薪饷为一千八百多万，现在国家已经不能负担这一费用了。但是在乾隆四十七年的时候，又增加了六万多绿旗兵，由此每年又增加了一万多的薪饷，我请求把这部分的兵力裁减，空缺出来的位置不作补

充，用这样的办法来解决今日支出的短缺。四月末的时候，我又呈上一疏，引用了乾隆初年，孙文定上陈的《三习一弊》。有人曾说这篇文章足足奠定了六十年太平的基础。现在的皇上具有尧舜的德行，也应该防备一些流弊，让国运能够永保不衰。

壮勇贵精不贵多
设局宜合不宜分

【原文】

与刘蓉 咸丰二年十月

然国藩居湘乡之土，为湘乡之民，义不可不同心合力保护桑梓。拟于百日之后前赴县门，一则叩谢石樵先生枉吊敝庐之劳；一则到局与诸君子商榷，以明同舟共济之义。刻下局中章程，国藩未闻知颠末。然鄙意以为壮勇贵精而不贵多，设局宜合而不宜分。湘潭、宁乡两县各交界之所，不必另立练局，但在城内立一总局，两处多设探报，贼至则风雨疾驰，仍可御于境上。城内总局人数亦不必多，但得敢死之士四百人，则固可以一战。要须简择精严，临阵不至兽骇鸟散，则虽少亦决其有济。

【译文】

与刘蓉 咸丰二年十月

我曾国藩出生在湘乡的土地上，作为湘乡的人民，在道义上不能不同心合力保护家乡。预定在百日之后来到县城，一方面是为了叩谢石樵

先生来到寒舍吊丧的劳碌；另一方面就是想要与各位商量要事，以表达我与各位同舟共济的意愿。现在的局中章程，我也不知道具体的内容。但是我认为，强壮的兵勇贵在精而不在多，设局宜合而不宜分。湘潭、宁乡两县各交界的地方，不用另外设置练局，只要在城内设立一个总局，在这两处多设立一些收集情况的人就可以了，在贼匪到来的时候，就快速地报告，仍然可以抵御。城内总局的人数也不用太多，只需要选用英勇不怕死的士兵四百人，就肯定能够与之一战了。但在士兵的选择上一定要精严，要确保士兵在战斗的时候不至于像受惊的鸟兽一样逃窜，这样即使人数少也有力量了。

防守之道

要在人心镇定　其次须查拿奸细

【原文】

与省城绅士书　咸丰三年正月

防守之道，第一要人心镇定，第二要查拿奸细。欲求镇定，断不宜逃徙出城。去年七月贼匪未来之先，城中居民有逃往湖北而遇害者，有逃往各县各乡而遇害者，可见生死前定。命数应死者，虽逃亦死；命数应生者，不逃亦生也。

【译文】

与省城绅士书　咸丰三年正月

防守的方法，首先是需要稳定人心，其次是缉拿奸细。想要让人心镇定，就决不能逃出城外。去年七月贼匪还没到来之前，城中居民有因为逃往湖北而遇害的，也有逃往各县各乡而遇害的，可见生死是上天注定的事情。命中注定应该死的人，即使逃走了也会死去；命中注定不该死的人，即使不逃走也不会死。

严立团规　力持风化

【原文】

与湖南各州县公正绅耆书　咸丰三年正月

现在逆匪已陷湖北，凶焰益炽。湖南与之唇齿相依，烽火相望，若非人人敌忾，家家自卫，何以保我百姓安生而乐业哉？国藩奉天子命，办理本省团练事务。是用致书各州、县公正绅耆，务求努力同心，佐我不逮。团练之道非他，以官卫民，不若使民自卫；以一人自卫，不若与众人共相卫，如是而已。其有地势利便，资财丰足者，则或数十家并为一村，或数百人结为一寨，高墙深沟，屹然自保。如其地势不便，资财不足，则不必并村，不必结寨，但数十家联为一气，数百人合为一心，患难相顾，闻声相救，亦自足捍御外侮。农夫、牧童皆为健卒，耰锄、竹木皆为兵器，需费无多，用力无几，特患我民不肯实心奉行耳。国家承平日久，刑法尚宽，值兹有事之秋，土匪乘间窃发，在在有之，亦望公正绅耆，严立团规，力持风化。其有素行不法，惯为猾贼造言惑众者，告之团长、族长，公同处罚，轻则治以家刑，重则置之死地。其有逃兵、逃勇，经过乡里劫掠扰乱者，格杀勿论。其有匪徒痞棍，聚众排饭，持械抄抢者，格杀勿论。若有剧盗成群，啸聚山谷，小股则密告州县，迅速掩捕；大股则专人来省，或告抚院辕门，或告本处公馆。朝来告，则兵朝发；夕来告，则兵夕发。立时剿办，不逾晷刻。除丑类以安善良，清内匪以御外患，想亦众绅耆所乐为效力者也。

【译文】

与湖南各州县公正绅耆书 咸丰三年正月

现在湖北已经被逆匪攻陷了，这群逆匪的凶焰变得更加猛烈。湖南与湖北唇齿相依，烽火相望，如果现在不能人人同仇敌忾，家家自卫，怎么能保障我们百姓的性命安全，安居乐业的生活呢？皇上命令国藩我来办理本省团练的事务，所以我才会给各州、县公正的士绅写这封信，请求大家要共同努力，不遗余力地帮助我。团练的宗旨不是别的，就是如果让官兵来保卫民众，不如让民众自己学会自卫；以一人之力进行自卫，不如和众人一起来守卫家园，就是这个道理。那些地势便利，财物丰富的地方，或者数十家合并为一村，或者几百人结为一寨，要筑高墙挖深沟，以确保安全。那些地势不便，资财欠缺的，就不用并村，也不必结寨，只要数十户人家联成一气，几百人的心思能够保持一致，在患难时能够互相帮助，在听到动静时能够救助对方，也能够抵御外来侵掠。农夫、牧童都是强健的士卒，那些锄头、竹木都是手中的兵器，所需要的费用也不多，使用起来花的力气也不大，唯一担心的就是我们的百姓不能同心按照要求去做。国家因为长期的太平无事，刑法就并不严厉，遇到现在这样的多事之秋，土匪经常会乘机作乱，随处可见，也希望各位公正的士绅，能够严立团规，力持风化。如果碰到那些平时品行不端正，习

惯做猾贼随意蛊惑大众的人，要报告团长、族长，对这些人进行公开处罚。轻者用家刑处置，重者则要处死。那些逃兵、逃勇，经过乡里劫掠扰乱的，一定要杀掉不留余地。那些匪徒痞棍，聚众闹事，持械抢劫的，也要杀掉不放过。如果这些人组成了犯罪团伙，前呼后拥地聚合在山谷，如果人数较少就派人秘密报告州县，尽快抓捕；如果人数较多就派专人来省，或者报告抚院辕门，或者报告本处的公馆。早晨来报告，就在早晨出兵；夜间来报告，就在夜间发兵，立刻进剿，绝不拖延。把这些恶人清除了才能安抚善良的人民，把内匪清除了才能抵御外患，想来这也是众位乡绅长者乐意效力的。

当今之势务在激劝成仁取义

【原文】

复彭申甫 咸丰三年正月

窃尝以为无兵不足深忧,无饷不足痛哭,独举目斯世,求一攘利不先、赴义恐后、忠愤耿耿者不可亟得;或仅得之,而又屈居卑下,往往抑郁不伸,以挫以去以死,而贪饕缩者,果骧首上腾,而富贵,而名誉,而老健不死。此其可为浩叹者也。

刻下所志,惟在练兵、除暴二事。练兵则犹七年之病,求三年之艾;除暴则借一方之良,锄一方之莠。

【译文】

复彭申甫 咸丰三年正月

我曾经认为没有兵力不用特别担心,没有薪饷也不用痛哭,但是看看天下,想要寻求一个不孜孜于私利、一心追求大义、满怀忠勇的人才,却不能得到;或者已经得到了这样的人才,但是又因为位置过于低下,常常很不得志,或因为挫折而把他的锐气消磨殆尽,郁郁而终。但是那些贪婪退缩的人,却总在不断地升官,有富贵、有名誉,健康而长寿。

这多么让人叹息啊。

  我现在的志向，只在于练兵、除暴这两件事上。练兵就像是得了七年的病，需要寻求三年的艾草治疗；除暴就好像借一处的好苗，把杂草锄掉。

严禁军士取民一草一木

【原文】

与刘长佑王眕 咸丰三年二月二十六日

军士所过,有取民间一草一木不给钱者,即行正法,望两君日以斯言训儆之。至要至要!千万千万!

【译文】

与刘长佑王眕 咸丰三年二月二十六日

军士所经过的地方,如果出现拿老百姓的东西却不给钱的,一经发现立刻用军法惩治,希望两位每天能用这句话来训诫他们。这件事非常重要,千万不要忘记!

乡村宜团不宜练
城厢宜练不宜团

【原文】

与朱孙贻（一） 咸丰三年二月二十七日

乡村宜团而不宜练；城厢宜练而不宜多团。如此立说，明知有日就懈散之弊，然懈散之弊尚少；若一意操切行之，则新进生事者，持札四出，讹索逼勒，无所不至，功无尺寸，而弊重邱山，亦良可深虑也。

【译文】

与朱孙贻（一） 咸丰三年二月二十七日

乡村宜团而不宜练；城厢宜练而不宜多团。如果依据这样的说法，总有一天会出现松懈散漫的弊端，然而产生松懈散漫的弊端还是小事一件；如果一定要这样做，那么那些惹事生非的人，带着公文到处出动，进行讹诈勒索，干尽了坏事，没有一点功劳，但积弊却比山还重，这确实值得深切忧虑。

与其练现在之兵
不如练新募之勇

【原文】

与魁联 咸丰三年二月

故鄙见窃谓现在之兵,不可练之而为劲卒;新募之勇,却可练之使补额兵。救荒之说,自是敝邑与贵治急务,然公帑既难于四颁,而民间又无可多捐,虽有善者,亦不过补救十一。

【译文】

与魁联 咸丰三年二月

因此我认为现在的士兵,不能把他们训练成勇猛的士卒;那些新招募的兵勇,却可以对他们进行训练,让他们能够补充空缺。至于救荒的事情,当然是我的家乡与贵处需要紧急处理的事务,但是因为难以筹措足够的经费,加之民间也没有过多的捐款,即使想要做这个,也不过能补救十分之一。

团练之事 当重在团

【原文】

复文希范 咸丰三年二月

团练之事,极不易言。乡里编户,民穷财尽,重以去年枯旱,十室九饥。与之言敛费以举团事,则情不能感,说不能动,威势不能劫。彼诚朝不谋夕,无钱可捐,而又见夫经手者之不免染指,则益含怨而不肯从事。故国藩此次办法,重在团,不重在练。团者,即保甲之法也。清查户口,不许容留匪人,一言尽之矣。练则必制器械,造旗帜,请教师,拣丁壮,或数日一会,或一月一会。又或厚筑碉堡,聚立山寨,皆大有兴举,非多敛钱文不可。方今百姓穷困,无生可谋。治之者当如养久病之婴儿,攻补温凉,皆难骤进;风寒饮食,动辄为咎。故鄙意重在团,不重在练。抑且不遽重在团,而先重在办土匪,我不能有利于民,但去其害民者而已;而害民之中,又择其尤甚者。

【译文】

复文希范 咸丰三年二月

　　团练这件事情，要进行下去非常不容易。乡里的百姓，民穷财尽，而且去年大旱，十户人家就有九户在忍饥挨饿。说服他们捐钱来办团练之事，实在是用情不能打动他们，用言语不能说服他们，用威势不能震慑他们。他们确实每天朝不保夕，哪里还有多余的钱财捐出，而且经手这件事的人不免会染指钱物，这样就更加让百姓抱怨而不愿意捐钱了。所以，国藩我这次的做法，是注重在团上，而不是在练上。所谓"团"，就是要实行保甲法，对户口进行清查，不让百姓窝藏贼匪，一句话就能说清楚。"练"就是制造器械，造旗帜，请教练，挑选壮丁，或者是每隔几天就把这些人聚集起来训练一次，或者是一个月集合起来训练一次。亦或是修筑碉堡，建立山寨，都是大的举动，难免会收敛钱文，否则根本不能施行。但是这个办法会让百姓穷困，没有可以图谋的生计。治理他们的时候要像养久病的婴儿，要用温凉的食物补养，不能急于进补；过于风寒的饮食，难免会造成祸患。所以我的意见是要注重在团上，而不是在练上。又或者不着急把重点放在团上，而是先把重点放在治理土匪上。如果我不能有利于民，只要能把害民的那些人除掉就很好了；而在那些害民的人中，又要选择罪大恶极的人加以清除。

招募兵勇应与之坚约

【原文】

与朱孙诒 咸丰三年五月十九日

招募之时，宜与之坚约：直赴江南，隶江大人麾下也。如愿去者少，不能凑成一千之数，万不可勉强添凑，少或五六百，或三四百皆可，总须察其胆气，虽死不避者而后可。与吾选湘勇，外似愚实，中多狡猾。就一邑论之，上中二里，又胜于下里之人，想早在洞鉴。弟所以用湘人者，非私于本邑，实以阁下之忠敢，迥越辈流，急欲相为依倚，以壮吾之魄耳，想心印之矣。

【译文】

与朱孙诒 咸丰三年五月十九日

招募士兵的时候，最好能与他们有郑重的约定：需要直接奔赴江南，隶属在江大人旗麾下。如果愿意前去的人少，还不能凑足一千人，千万不能勉强添凑，少则五六百人，或者三四百人都是可以的。总之是必须观察他们的胆气，即使是面对死亡也不逃避的人才可以。我选的湘勇，虽然外表老实，但是其中多狡猾之人。就一个地方而论，上中二里的，胜过下里的人，想来这些你早已经知道。我之所以任用湘人，不是对家乡人的偏爱，实在是因为阁下你的忠诚勇敢，在同辈中出类拔萃，我急于想让你成为我的依靠，来壮大我们的胆魄，希望能互相理解。

欲言战

必先诸将一心，万众一气

【原文】

与王㒱 咸丰三年八月二十日

仆之愚见，以为今日将欲灭贼，必先诸将一心，万众一气，而后可以言战。而以今日营伍之习气，与今日调遣之成法，虽圣者不能使之一心一气，自非别树一帜，改弦更张，断不能办此贼也。鄙意欲练乡勇万人，概求吾党质直而晓军事之君子，将之以忠义之气为主，而辅之以训练之勤，相激相砺，以庶几于所谓诸将一心，万众一气者，或可驰驱中原，渐望澄清。

【译文】

与王㒱 咸丰三年八月二十日

个人浅见以为，现在想要灭贼，一定要各位将领能够做到团结一心，万众一气，然后才可以谈论开战。但从今天军队的习气，和今天调遣的既定办法来看，即使是圣人也不能使他们同仇敌忾。从现在开始如果不是别树一帜，改弦更张，决不能对付得了这些贼匪。我的意见是想要训练乡勇万人，所挑选的一定是品质正直而且懂得军事的君子，是用忠义之气训诫，然后再用勤奋的训练作为辅助，互相激励互相磨砺切磋，希望能够做到所谓的诸将一心、万众一气，这样才可以在中原驰驱，慢慢有希望肃清贼匪。

树兵勇正气　不犯民众秋毫

【原文】

与张亮基　咸丰三年重阳日

弟自今岁以来，所办之事，强半皆冒侵官越俎之嫌，只以时事孔艰，苟利于国，或益于民，即不惜攘臂为之，冀以补疮痍之万一，而扶正气于将歇。练勇之举，亦非有他，只以近日官兵在乡，不无骚扰，而去岁潮勇有奸淫掳掠之事，民间倡为谣言，反谓兵勇不如贼匪之安静。国藩痛恨斯言，恐民心一去不可挽回，誓欲练成一旅，秋毫无犯，以挽民心而塞民口。每逢三、八操演，集诸勇而教之，反复开说至千百语，但令其无扰百姓。自四月以后，间令塔将传唤营兵，一同操演，亦不过令弁委前来听我教语。每次与诸弁兵讲说，至一时数刻之久，虽不敢云说法点顽石之头，亦诚欲以苦口滴杜鹃之血。练者其名，训者其实；听者甚逸，讲者甚劳。今各弁固在，具有天良，可覆按而一一询也。国藩之为此，盖欲感动一二，冀其不扰百姓，以雪兵勇不如贼匪之耻，而稍变武弁漫无纪律之态。

【译文】

与张亮基 咸丰三年重阳日

我自今年以来,所做的事情,大部分都要冒着僭位越俎超越权限的嫌疑,只是因为时事艰难,或者这些事对国家有利,或者对人们有益,才不惜奋臂去做,希望能补救这满目疮痍的万分之一,从而匡扶正气。练勇的做法,也有其他的目的,只是因为近日官兵在乡里,对百姓也没有骚扰,而去年练兵的时候出现的奸淫掳掠的事,更是在民间广泛流传谣言,反而说官兵还没有贼匪纪律好。我非常痛恨这样的说法,害怕民心一去不可挽回,因此发誓要训练好一支劲旅,并能够做到秋毫无犯,以挽回民心而堵塞民口。每逢三、八操演,就把士兵集合起来训诫他们,反复游说了千百遍,只是命令他们不要骚扰百姓。自从四月以后,偶然命令塔将传唤营兵,一起操练,也不过是想让弁委前来听我的训诫。每次与各位士兵演说,都有一个多时辰,虽然不敢说能让顽石点头,但是确实是苦口婆心,就像杜鹃鸟滴血那样。我借着练兵的名义来行训诫之实,听的人很安逸,但是讲的人很辛苦。现在各士兵都在,具有良知的人,就按着手掌一一询问证实。我曾国藩这样做,只是想要让他们得到一点感动,希望他们不去骚扰百姓,以洗除官兵不如贼匪的耻辱,而稍稍改变士兵漫无纪律的情形。

扶树风声激发士气

【原文】

与朱孙 咸丰三年九月二十三日

湘勇在外,殊得嘉誉,彬、桂一带,多称仁义之师。江西七月二十四之役,虽阵亡八十馀人,而勇敢之名已大震于匡庐彭蠡之间。鄙意欲于湘乡县城建立忠义祠,祀谢、易、两罗之主于中,而诸勇亦得附祀于两厢,以慰死者果毅之魂,而作生者忠奋之气。其于扶树风声,激发士气,盖未必无小补焉。

【译文】

与朱孙 咸丰三年九月二十三日

湘地的士兵在外,得到很多好的声誉,彬、桂一带的百姓,多把他们称为仁义之师。在江西七月二十四日的战役中,虽然有八十多人阵亡了,但是勇敢的名声已经在匡庐彭蠡之间广为传播。我希望在湘乡县城建立忠义祠,在祠正中来祭祀谢、易、两罗主将,在祠的两边来拜祭各位兵勇,以此来告慰死者英勇果敢的灵魂,振奋那些生者的忠奋士气。这对于扶树世风、激发士气,未必没有小小的补益。

精简兵勇以节縻费

【原文】

与刘蓉王錱 咸丰三年十月二十日

现在璞山援鄂之行如果停止，则新招之勇，总宜多为淘汰，早为散遣，乃能妥善。否则养之愈多，蓄之愈久，耗费愈大，徒滋口实。若带来衡州，则近日景况已难支持，况添勇数百哉？特此奉告，以便两君早自为计。

【译文】

与刘蓉王錱 咸丰三年十月二十日

如果现在停止璞山支援鄂的行动，那么新招募的士兵，就最好进行大量的淘汰，尽早遣散，才能妥善。否则，军队中留养的人数越多，积累越久，军费的开支也就越大，只是增加了吃饭的人口而已。如果带来衡州，（也是不妥。）衡州近日的情况本就难以支持，更何况再增加数百士兵呢？特此奉告，希望两位能够早日作出计划。

当赶办舟船以应付时局

【原文】

与夏廷樾 咸丰三年十月二十日

自六月以来,五省皆议此事。屡奉寄谕,亦以为最切之图,而至今未有所成。弟欲于此稍尽寸心,乃兴办木排,则苦雨半月,无从下手,改造民船,则经费支绌,买船无资,兀坐气短。

【译文】

与夏廷樾 咸丰三年十月二十日

自六月以来,五省都在议论这件事。多次收到寄来的信,也认为这是最紧迫最需要解决的事情,但是到现在为止还没有办成。我想在这件事上稍尽一些微力,所以兴办木排,但是苦于下雨半月,不知从何下手;如果改造民船,则有经费短缺的问题。买船也没有资金,只是干坐这里,感到束手无策。

大局糜烂不可袖手旁观

【原文】

与江忠源 咸丰三年十月二十四日

今大局糜烂至此,不欲复执守制不出之初心,能尽一分力,必须拼命效此一分,成败利钝,付之不问,大约不能安处梓里。

【译文】

与江忠源 咸丰三年十月二十四日

现在大局已经糜烂到这样的地步,不能再履行当初守制不出来办事的想法,如果能尽一份力,就是拼了命也要效此一份心,对于事情的成败利钝,都在所不计。(如果不如此,)那我大概不能在家乡安然地呆下去了。

不教之卒终难当虎狼之贼

【原文】

与骆秉章　咸丰三年十月二十七日三更

募勇六千之说，本欲大加训练，旌旗一色，万众一心，器械一新，号令一律，而后破釜沉舟，长驱东下。今诸务未克兴办，而岷樵遽以之入奏；一日未能训练，而璞山遽驱之向敌，皆大失国藩之本意。然业已如此，止好听之，但恐不教之卒，终难当虎狼之贼耳。

【译文】

与骆秉章　咸丰三年十月二十七日三更

准备招募六千士兵的说法，我本来希望能够大加训练，做到旌旗一色，万众一心，器械一新，号令一律，然后破釜沉舟，长驱东下。现在这些事务并没有全部完成，但是岷樵那边马上向上奏报；一日不能完成训练便不能上阵御敌，但是璞山又催使着与敌开仗，这些都违背了我的本意。奈何事情已经到了这个地步，只好听从，只是担心这些没有训练好的兵卒，终究难以抵御如虎如狼的贼匪。

扬湘勇之长 克湘勇之短

【原文】

复刘蓉 咸丰三年十一月初一日

湘勇佳处有二：一则性质尚驯，可以理喻情感；一则齐心相顾，不肯轻弃伴侣。其不佳处亦有二：一则乡思极切，无长征久战之志；一则体质薄脆，不耐劳苦，动多疾病。以此四者参观，大抵征本省之土匪则利，御江南之粤寇则怯。朱石樵归来，必有一番阅历笃论也。

至于练勇之道，必须营官昼夜从事，乃可渐几于熟，如鸡伏卵，如炉练丹，未宜须臾稍离。前与璞山面议，每营须有文武兼备之营官，始克照料一切，不知璞山已觅有贤者几人，果能当此一席否。

【译文】

复刘蓉 咸丰三年十一月初一日

湖南士兵的好处有两个方面：一是性格淳朴容易驯服，可以利用情感来激励他们；另一方面是齐心互相照顾，不会轻易抛下伙伴。不好的地方也有两个方面：一是思念家乡的心情很迫切，没有长久征战的士气；

一是体质弱，不能吃苦耐劳，动不动就生病。从这四个方面观察，在大体上征讨本省的土匪应该能获得胜利，但是如果抵御江南的粤寇就会失利。朱石樵回来后，一定会有一番阅历能够加深对此的结论。

至于练兵的方法，一定要带兵军官日夜进行，才可以慢慢成熟，就像小鸡孵卵，像炉中炼丹，不能有片刻离开。以前我曾经和璞山当面讨论过这件事，认为每个营里面一定要有一个文武兼备的营官，才能照料一切，不知道璞山已经找到了多少个有才能的人，这些人是否能担此重任。

剑戟不利　不可以断割
毛羽不丰　不可以高飞

【原文】

复林源恩　咸丰三年十一月初一日

现在大营所调之兵，东抽一百，西拨五十；卒与卒不习，将与将不和；彼营败走，此营不救；此营欲行，彼营愿止。离心离德，断不足以灭剧贼而成大功。鄙意欲募勇六千人，苦心精练，合成一支劲旅，破釜沉舟，出而图事。其带勇之人，概求吾党血性男子，有忠义之气，而兼娴韬钤之秘者，与之共谋。拟专函密告足下，而足下专使适至，乃与鄙意不谋而合。针芥之契，若有神助。此中之契机，殆未可以言语磬也。第剑戟不利，不可以断割；毛羽不丰，不可以高飞。

【译文】

复林源恩　咸丰三年十一月初一日

现在大营调动的兵力，从东面抽一百人，从西边拨五十人；兵与兵之间都不熟悉，将领和将领之间也不和睦；那个营失败逃走了，这个营

也不救援；这个营想要出发，那个营却想要停止。如果双方之间思想不统一，信念也不一致，就绝不能够消灭那些凶猛的贼匪而立下大功。我的意思是想要招募六千的乡勇，苦心精练，合并成为一支劲旅，破釜沉舟，（让这些士兵）出来建功立业。而率领乡勇的人，一定要寻找我们同党中的血性男子，有忠义之气，还能熟悉战略战术的，与他一同谋划。原本想要专门写一封信暗暗告知您，但是您派来的使者刚刚到达，（才知道）您的意见与我的意见不谋而合。这种针芥一般的默契，就好像有神相助一般。这里面的契机，大约不是用言语能够说完的。如果剑戟不锋利，就不能做到快刀切断；毛羽不丰满，就不能高飞。

艰难百战之卒出自勤操苦练

【原文】

与夏廷樾 咸丰三年十一月初三日

此次募勇，成军以出，要须卧薪尝胆，勤操苦练，养成艰难百战之卒，预为东征不归之计。若草率从事，驱不教之士，执盅脆之器，行三千里之远，以当虎狼百万之贼，未与交锋而军士之气固已馁矣，虽有一二主者忠义奋发，亦无以作其众而贞于久也。故鄙意欲竭此两月之力，昼夜训练。凡局中窳苦之器，概与讲求而别为制造，庶几与此剧贼一决死战。

惟期限虽宽以两月，而训练之事多不易讲，大约练伍练胆练耳目，尚可以一月粗定规模，至于练技练阵，则一二月岂能奏效？而各项器件，如鸟枪、帐房、旗帜之类，皆浇脆不堪远征。国藩在此，日夜焦思，诸友皆远别，无人熟商，每用深叹。

【译文】

与夏廷樾 咸丰三年十一月初三日

这次招募兵勇，组成军队出战，一定要卧薪尝胆，勤操苦练，训练成能够历经艰难百战的兵卒，预先作好东征不归的打算。如果草率行事，

派遣那些没有训练的兵士，拿着单薄的武器，徒步行驶三千里的路途，来对抗数以百万虎狼似的贼匪，还没有交战，军士的士气就已经溃散了，即使里面有一两个主帅英勇忠义，但是却并不能保证振奋众人让他们长久征战。所以想要用两个月的时间和精力，（对士兵）日夜训练。凡是军局中有破败残损的武器，一律回收另外制造，希望早日能够与这些凶猛的贼匪决一死战。

虽然时间上还有两个月的宽限，但是训练的事情还有很多，对队形、胆量、耳目等方面的训练，还可以用一个月的时间大体地定下规模，至于训练技能阵法，练习一两个月岂能有效果？那些武器物件，比如鸟枪、帐房、旗帜之类，都是单薄不能经受远征的。我现在日夜焦虑，朋友们都在远处了，没有人可以好好商量，常常深深地感叹。

严汰兵勇赶制器械

【原文】

与王崌　咸丰三年十一月初六日

各勇宜操练两个月，体弱者、艺低者、油滑者，陆续严汰，明春始行远出。

每营必须择一营官，必划然分出营数，此时即将全数交付与他，不必由足下一手经理。任人则逸，独任则功。此后必成流贼，股数甚多，吾须分股与之相逐。若平日由足下一人统带，临阵始分股逐贼，则差之毫厘，谬以千里矣。帮办者，每营须四五人，必须博求贤俊，不尽取之湘乡。万一营官有病，则帮办即可统领，断不要草率。

器械必赶紧制办，局中窳脆之件，概不可用。伯韩所造抬枪甚好，不知鸟枪已成若干？石樵言帐房宜用夹的，是否属实，祈复示。如必须改的，此时尚可赶办。邹岳屏所捐锚杆亦不好，竟须另觅硬木圆身，未经锯破者，如有一械未精，不可轻出。

战船能多更妙，纵使不能，亦当雇民船百余号，与陆路之兵同宿同行，夹江而下。凡米、煤、油、盐、布匹、干肉、钱项、铁铅、竹木之类，百物皆备，匠工皆全。

凡兵勇扎营，即以船为市。所发之饷，即换吾船之钱。所换之钱，

即买吾船之货。如此展转灌输，银钱总不外散，而兵勇无米盐断缺之患，无数倍昂贵之患。

阵法原无一定，然以一队言之，则以鸳鸯、三才二阵为要。以一营言之，则一正两奇，一接应，一设伏，四者断不可缺一。此外听足下自为变化，将多人以御剧寇，断不可无阵法也。

【译文】

与王𬀩 咸丰三年十一月初六日

各团的兵勇最好能操练两个月，（对于那些）体弱的、技能不高的、油滑的，要严格遵守规矩进行陆续淘汰，到了明年的春天才能远征。

每个营一定要选出一个营官，清楚地划分出兵营的数目，这时应把所有事务全部交给他，不必让您一手办理。学会任用人就会变得安逸，自己全揽就会很繁劳。那些贼匪以后一定会成为流贼，有很多分支，我们要分开队伍与之相逐，如果平时让您一人统率，临时才分营队追贼，那就会差之毫厘，谬以千里。帮办的，每营需要四五个人，一定要广博寻求贤俊，不要全部从湘乡取得。万一营官生了病，那么帮办就能够统领军队，（对于这件事情，）决不要草率。

器械必须要抓紧时间制造，局中那些破败单薄的武器，一律不用。伯韩制造的抬枪很好，不知道现在鸟枪造了多少支？石樵说帐房宜用夹的，不知是否属实，希望你能够答复。如果一定要改的，这时候还能进行赶办。邹岳屏捐出的锚杆并不好，终究还是需要另外寻找没有锯过的硬木圆身，如果有一件军械不够精良，就不能够轻易出兵。

战船如果能够多造些更好，即使做不到，也应当雇用一百多号民船，与陆路的兵勇能够同睡同行，夹江而下。凡是米、煤、油、盐、布匹、干肉、钱项、铁铅、竹木这类的东西，百物都要齐备，随行的工匠也要齐全。

一旦兵勇扎营，就用船作为买卖市场。所发的军饷，就是换我船的钱。所换得的钱，就用来买我船的货物。这样辗转交易，银钱总不会散掉，而兵勇也不用再为缺少米盐而担忧，没有价格上昂贵数倍的忧患。

阵法原本没有一定的形式，然而就一队来说，则主要以鸳鸯、三才二阵为主。对于一个营来说，就应该一正两奇，一接应，一设伏，这四个方面决不能缺少其中的任何一个。除此之外，随便您自主变化，用多人来对抗凶猛的匪寇，决不能没有阵法。

治军之道，
务在召募精壮而受约束之卒，
择血性而晓军事之君子将之

【原文】

复吕贤基（一）　咸丰三年十一月十七日

召募精壮而受约束之卒，择血性而晓军事之君子将之，不调入营已久之兵，不用守备以上之将。扫除积习，更弦新张，或者犹有小补。前曾有书与岷樵中丞，议及此事，岷老深以为然。近拟筹备炮船，水陆并进。蚊虻负山，商距驰河，智小谋大，自识可笑。然目击时艰，岂宜坐视。

【译文】

复吕贤基（一）　咸丰三年十一月十七日

招募精壮而有纪律的兵卒，选择那些有血性而又懂得军事的君子来统领军队，不调遣入营已经很长时间的兵士，不任命守备以上的将领。

对于那些军队的积习要革除，改革制度、变更方法，或许还有补救的可能。我以前在给岷樵中丞写信的时候，曾经谈到这件事，岷老也认为这样的做法是正确的。最近想要筹备炮船，水陆并进。正如是"蚊虻负山，商距驰河"，能力低下而谋划很大，我知道自己的见识短浅可笑，但是看到时世的艰难，又怎么能坐视不理呢？

求带勇之人　难于募勇

【原文】

复沈甲联　咸丰三年十一月二十九日

弟以浅才，谬膺重任，日夜以求贤自助为第一要务。惟弟所求者，不难于募勇，而难于带勇之人。现在此间所招之勇，额数已足，专求贤能之士管带之而已。

【译文】

复沈甲联　咸丰三年十一月二十九日

我以浅薄的才能，承担这样的重任，日夜把寻求有才能的人来帮助自己作为第一要紧的事情。因为我认为，招募兵勇并不困难，困难在于能够寻找到统率兵勇的将领。现在这里招募的兵勇，数量上已经够了，专门寻求贤能的人带领就是了。

嘱雇船募水手之事

【原文】

复朱尧 咸丰三年十二月十四日巳刻

一、辎重船现在难雇，候至新年再雇。弟拟回家过年，请阁下正月初二日来舍议雇船事。

二、辎重船须用熟于买卖行中之人经理，又须诚实可靠者。米须三人经管。盐须二人经管。油须一人经管。煤须一人经管。又须有开钱店者二人，开药店者二三人。其货物皆须敝处办的，特以重价，请人管之，请胡维峰与左菊农总其成，即请渠二人物色各买卖人，分理诸务。兄如有可荐之人，亦望荐诸胡君处。

三、雇两三人之小船，系前为专保长沙省城言之；后来定为江南之行，并未托兄雇小船也。顷刘孔庭来衡，言兄托渠雇小倒扒百馀号，弟颇不解，兄不必再雇两三人之小船也。

四、水手须招至四千人，皆须湘乡人，不参用外县的。盖同县之人，易于合心故也。

五、改旧船，有要法三端：一则船头上宜抬平，以架头炮。二则前半宜用厚板铺平，以架中炮。三则大船安六橹，中号安四橹，以利速行。战船无他谬［妙］巧，愈快愈妙耳。

六、买钓钩船，前订买一百号，兹又须添买二十号，足成一百二十之数，如甚便宜，买一百四五十号亦可；贵则不要。其船不可太大，不可太小。太大则笨重不行，太小则难受风浪也。买定之后，望合前数共解七十号来衡，以便操习。即用新招之水手解来，最为方便，其馀五十号，即在湘潭改造。改成之后，湘潭改者送二只来衡州一看，衡州改造者送二只往湘潭一看，彼此互相考证，以便明春改全也。

【译文】

复朱尊 咸丰三年十二月十四日巳刻

一、现在辎重船很难雇用，要等到新年才能再雇。我打算回老家过年，请阁下在正月初二日这天来我家讨论雇船的事情。

二、辎重船需要让熟悉买卖的人来办理，同时这个人要诚实可靠。米要三个人一起经管。盐要两个人来经管。油要一个人经管。煤要一个人经管。又需要有开钱店的人两个，开药店的两三个人。货物就让我处办理，特别用重价，请人来管理，请胡维峰与左菊农在总体上负责这件事，就请他们两个人去寻找各种买卖人，分理这些事务。兄长您如果有能够推荐的人，也希望推荐这个人到胡君处。

三、雇用两三人的小船，要前去专保长沙省城的；后来确定为江南之行，并没有让兄长雇用小船。不久，刘孔庭来到这里，谈到兄委托他雇用一百多只小倒扒，我很不理解，兄不必再雇两三个人的小船了。

四、水手一定要招收四千人，都必须是湘乡人，不要任用外县的人。因为同县之人，容易做到同心合力。

五、改造旧船，有三个重要方面：一是船头上要抬平，方便架头炮。

二是船的前半部分适宜用厚板铺平，方便架设中炮。三则大船要安装六橹，中号船要安装四橹，这样才有利于快速地行驶。战船没有其他巧妙的地方，就是越快越好。

六、购买钩船，以前订买一百只，现在又增加了二十只，凑足一百二十只，如果价钱很便宜，买一百四五十只也是可以的；如果价格较贵就不要了。这种船不要太大，也不要太小。太大就笨重不能快速行驶，太小就很难抵挡风浪。买定以后，希望能够带领七十只来到衡州，以方便操习。用新招的水手送来，最为方便，剩下的五十只，就在湘潭进行改造。改成之后，湘潭方面把已经改造好的送两只过来看一看，衡州改造好的也送两只到湘潭去看一看，彼此之间互相考证，以确保能在明年的时候能够改造完成。

陆军军制当以《握奇经》之天地、风云、龙虎、鸟蛇为极善

【原文】

复王朓 咸丰三年十二月二十六日

旧制三百六十人为一营，兹添为五百人一营。每哨添火器二队，刻有新营制一纸。足下之二千人，即可分为四营。

营官必须贤能之士，即帮办亦须博求时彦。与其一手经理，或有不逮，不如求贤以自辅也。

陆路十二营，须有一总提调，拟以朱石樵为之。提调断不可无兵，故令其自带一营。又恐其不能斤斤于营中之琐务也，故以钟台州辅之。行军必有智勇兼全者为先锋，兹特立向导处，拟以足下为提调。又立侦探处，拟以邹伯韩为提调，此三提调者，皆极要事也。

阵法初无定式，然总以《握奇经》之天地、风云、龙虎、鸟蛇为极善。兹以五百人，定为四百相应阵；以为凡各阵法之根本，各营均须遵照，兹附去一纸。其每队之鸳鸯阵、三才阵，前已刻式，兹亦附去一纸。

贵处所留之乡勇，闻有二千四百人，分为四营外，其余剩四百人，竟可汰去。

【译文】

复王朕 咸丰三年十二月二十六日

旧的制度是三百六十人组成一个营，现在增加到五百人为一个营。每个哨岗增加火器两队，现有新营制的条文加以说明。您现在有二千人，可以分成四个营。

营的长官一定要是贤能之人，即使是帮办也要广泛寻求有才能的人担当。与其让营官一手负责所有的事情，难免会有的事情办不到，还不如让有才能的人来进行自我辅助。

陆路上的十二营，需要有一个总的提调，打算让朱石樵来担任提调。提调决不能没有兵力，所以就命令他自己带领一个营。又担心他不能顾及营中全部的琐碎事务，所以让钟台州来辅助他。行军的时候，一定要智勇双全的人来作为先锋，现在特别设立了向导处，打算让您来担任提调。又设立了侦探处，打算用邹伯韩来作为提调，这三个提调，都非常重要。

阵法在最初时没有定式，然而总体上以《握奇经》中的天地、风云、龙虎、鸟蛇这些阵法为最佳。现用五百人，定为四百相应阵；我认为凡是各个阵法的根本，各营都要遵照，现在附去一张图式。每队的鸳鸯阵、三才阵，以前已经画好图式，现在也附去一张图式。

贵处所留下的乡勇，听说有二千四百人，除了分为四个营的士兵之外，其余剩下四百人，则全部都可以淘汰。

嘱统兵事宜

【原文】

与塔齐布 咸丰四年正月十三日

新定营制，五百人一营。每营四哨，每哨八队，火器占半，刀矛占半，所带各营皆如此。足下所管宝勇，亦必照此办理。

宝勇六百馀，除一营五百外，尚剩百馀人。须严行汰其软弱者、浮滑者，留其精壮者，待我到省再看。

此次出征，立一先锋，立一向导处。先锋带五百人。向导处带一百人，与先锋共一营盘。足下有忠义之气，现欲派充先锋。是否愿充，即日禀复。

色游击熟于行阵，人甚奋勇，足下昨荐渠，欲我收用。渠若能尽力报效，即以宝勇所剩百人交其管带，派充向导处，与足下同一营船可也。但不知果能临阵不退否？足下先行禀复，俟到省再定。

外间传言勇不安静，在茶馆闹事，足下须严行约束。若有一勇不规矩、不严肃，吾即不愿带去。

省标兵多浮滑者，足下若随我去，毋庸带省标各兵。

【译文】

与塔齐布 咸丰四年正月十三日

新设定的营制,每五百人为一营。每个营设有四支哨防,每哨有八队,火器占一半,刀矛占一半,所有的营队都一样。您所掌管的兵勇,也一定要按照这样办理。

宝勇有六百多,除了设为一营五百人之外,还剩下一百多人。需要严格淘汰那些软弱的、油滑的,留下那些精壮的,等我到了省里再去察看。

这次出征,要设立一个先锋,设立一个向导处。先锋要带领五百人。向导处要带领一百人,与先锋共用一条营船。您有着忠义的气节,现在想要派您作为先锋。不知是否愿意,请马上回复。

色游击这个人熟悉行军阵法,人也很奋勇,您昨天曾经向我推荐过他,想让我收用。如果他真的能够尽力报效国家,就把宝勇所剩的一百多人交给他来带领,派充在向导处,与足下您同处一个营盘,就可以了。但是不知道他是否能够做到临阵不退却?您先作一个汇报,等到省后再作决定。

外面有传言说乡勇不安静,在茶馆闹事,您一定要严加约束。如果有一个士兵不受规矩、不严肃,我也不愿意带去。

省标兵中有很多油滑的士兵,您如果跟随我去,没有必要带省标各兵。

善用士气者宜算毕而后战

【原文】

与李元度 咸丰六年五月初二日巳刻

足下与秀三、弥之围攻之师,兵力颇厚,惟屡次为枪炮伤我壮士逾数百人,锐气暗损,最为兵家所忌。夫战,勇气也。再而衰,三而竭。国藩于此数语常常体验,大约用兵无他谬[妙]巧,常存有馀不尽之气而已。孙仲谋之攻合肥,受创于张辽;诸葛武侯之攻陈仓,受创于郝昭,皆初气过锐,渐就衰竭之故。惟荀䓖之拔偪阳,气已竭而忽振;陆抗之拔西陵,预料城之不能遽下而蓄养锐气。先备外援,以待内之自敝,此善于用气者也。足下忠勇内蕴,迈往无前,惟猛进有馀,好谋不足。吾愿足下学陆抗,气未用而预筹之;不愿学知话,气已竭而复振之。愿算毕而后战,不宜且战而徐算。

【译文】

与李元度 咸丰六年五月初二日巳刻

您与秀三、弥之的围攻队伍,兵力非常雄厚,只是多次被枪炮击伤我们的数百名壮士,致使我军的锐气渐渐损散,这是兵家最为忌讳的。

作战，凭的就是勇气，第二次击鼓，就有所衰弱，第三次击鼓就士气竭尽了。我对这几句话深有体会。大体上用兵没有其他的秘诀，只是要常常留有用不尽的士气。孙仲谋进攻合肥，被张辽击败；诸葛武侯进攻陈仓，被郝昭击败，都是因为在战争初期士气过于锋锐，最后渐渐衰竭的原因。荀罃能成功进攻偪阳，士气已经衰竭但是忽然振作；陆抗攻克西陵，预料城不能马上攻下，于是就蓄养锐气。先准备外援力量，以预防内部士气的凋敝，这是善于运用士气的。您忠勇而有内蕴，勇往直前，只是英勇有余，计谋不足。我希望您能学习陆抗，在士气还没用完的时候就预先做好筹划；否则的话，士气一旦衰竭就很难再振作。希望您能计划好了之后才去作战，不要一边打仗一边慢慢打算。

用兵者必先自治而后制敌

【原文】

与罗萱 咸丰六年五月十九日午刻

用兵者必先自治,而后制敌。《得胜歌》中言自治者十之九。足下与都司彭君率此军以出,纵使攻不遽克,名不遽立,亦自无妨,要当尽心力以求合于歌中之所云者。不然,日日但求胜敌,我之可以取胜者果安在乎?孙子以攻城为下策。攻城不破,非战之罪也。吾之所望者,但望贼匪来扑。野战交锋之时,我军进退严明,确有不可摇撼之象,则此枝渐成劲旅。此吾之所期望而慰幸者也。望与六琴兄切实讲求,时时以浪战为戒。

【译文】

与罗萱 咸丰六年五月十九日午刻

用兵的人必须首先做到自治,然后才能战胜敌人。《得胜歌》中曾经谈到自治的十分之九。您和都司彭君率领这支队伍出征,即使在进攻时不能马上成功,名声不能马上建立,也没有关系,要尽心做到符合歌中的要求。如果不能做到这样的话,每天只是追求战胜敌人,我们可以取胜的武器在哪儿呢？孙子把攻城看做是下策。攻城不破，不是战略上的失误。我所盼望的就是贼匪来反扑。野战交锋的时候，我军进退严明，确有不可动摇的气势，这样就慢慢能够成为一支强劲的军旅。这是我所期望而得到安慰的。希望能和六琴兄仔细地谈谈这件事，重视这样的做法，时时戒备仓促应战。

攻城最忌蛮攻

【原文】

与罗萱 咸丰六年五月二十四日

攻城最忌蛮攻。兵法曰:"将不胜其忿而蚁附之,杀士卒三分之一而城不拔者,此攻之罪也。"故仆屡次寄书,以蛮攻为戒。

【译文】

与罗萱 咸丰六年五月二十四日

攻城最忌讳的就是蛮攻。兵法上说:"将领因为控制不了自己的愤怒就命令士兵像蚂蚁一样前进,结果有三分之一的士兵阵亡了,但是城还是没有攻下来,这是进攻的过错。"所以我多次寄信给你,告诫不要蛮攻。

兵犹火勿戢将自焚

【原文】

与罗萱 咸丰六年五月二十六早

兵犹火也，勿戢将自焚也。望夜夜传集营官、哨官讲明自治之要、和众之道。吾六营既戒浪战，则别营必有深讥为畏葸者。亦宜每夜先与各哨勇说明，听人讥议而已。

【译文】

与罗萱 咸丰六年五月二十六早

用兵就像用火，要控制了士兵否则将会自我焚毁。希望每晚传令召集营官、哨官把自治的重要性和团结众人的道理讲明白。既然我这里的六个营不会仓促出战，那么其他的营队一定有人讥讽这样做是由于害怕。也要每晚先和各哨勇作一个说明，其他的就随便别人讥议吧。

须体恤兵勇之劳苦

【原文】

与彭鹏罗萱 咸丰六年七月十二日早

兵勇劳苦，须时时存体恤之念，然营规则不可不严。

【译文】

与彭鹏罗萱 咸丰六年七月十二日早

兵勇劳苦，一定要经常怀有体恤他们的善心，但是营规也不能够不严格。

兵事喜诈而恶直

【原文】

与彭鹏罗萱 咸丰六年七月十三日辰刻

我官军须明白此两层：一层，江西百姓全不能战，见人抄尾则立败；一层，广东新匪不能久战，与之久持则必败。日日与各营哨说此两层，庶谣言不足动其心，而一二仗后必深信吾言之不谬也。

兵事喜诈而恶直也。将官中或有议其不应迂道二十里者，应严饬而婉谕之。

【译文】

与彭鹏罗萱 咸丰六年七月十三日辰刻

我们的官军一定要明白如下两个方面：一是江西的百姓皆不能去作战，如果看见有人包抄后路，他们就会立刻败逃；二是广东的新匪不能长期作战，与他们进行持久战他们一定会失败。每天和各营哨讲明这两层意思，希望谣言不能动摇他们的意志，而经过一两场仗后他们就一定

会深信我的话是对的。

　　用兵的策略最好采用曲折而不适宜耿直。将领中如果有议论不应该绕道二十里的，应严格肃清这种议论并且婉言地说明情况。

今日之善退正以为他日善进之地

【原文】

与林源恩李元度 咸丰六年七月十五日辰刻

军事以气为主,瀹去旧气,乃能重生新气。若不改头换面,长守此坚壁,以日夜严防而不得少息,则积而为陈腐之气,如败血之不足以养身也。望两君子精心维持,于十里之外求一善地,相机而退扎一步,养息此气。今日之善退,正以为他日善进之地。君子之道,一龙一蛇,岂拘于一格哉?

【译文】

与林源恩李元度 咸丰六年七月十五日辰刻

军事上主要以善于用气为主,要疏通除掉那些腐败的旧气,才能让新气重生。如果不改头换面,而是长期困守这块坚壁,日夜严防而得不到一点休息,那么就会积累为陈腐之气,就像败血不能养身。希望两位君子精心维持,在十里外寻找一块好地方,看中时机而退扎一步,让士兵能在此休养生息保存士气。今日的善退,正是为了以后的善进做打算。君子之道,随着情况的不同而变更,怎么能够拘泥于一个模式呢?

用兵以"主客"二字为重

【原文】

与彭鹏罗萱 咸丰六年八月初八日

仆于用兵,深以"主客"二字为重。扑营则以营盘为主,扑者为客。野战则以先至战地者为主,后至战地者为客;临阵则以先呐喊放枪者为客,后呐喊放枪者为主。前二十五日有信与峙衡,嘱其移营,畅言主客之义。今两次大胜之后,正可趁此时移营。久顿城下,贼常主而我常客,不过两月,锐气暗损,懈心暗生,强兵将变为疲兵。望与峙衡切商,即日移营。

【译文】

与彭鹏罗萱 咸丰六年八月初八日

我对于用兵,认为"主客"这两个字最是重要。进攻营盘主要是以守营盘为主,进攻者为客。野战则主要是以先到战场的为主,后到战场的为客;临阵时是主要以先呐喊放枪者为客,后呐喊放枪者为主。我曾经在二十五日有寄信给峙衡,叮嘱他要转移营地,畅言了主与客的道理。

经过了两次大胜以后，正好可以趁着这个时机转移营盘。长久驻扎在城下，贼匪常为主而我军常为客，不到两个月，军中的士气就会在暗中损耗，松懈之心就会在暗中滋生，强兵就将会变为疲兵。希望能够和峙衡详细商谈，马上转移营地。

蓄养锐气 善刀而藏

【原文】

与罗萱 咸丰六年八月十九日申正

日内专以蓄养锐气为主，城中之贼出而搦战，我军善刀而藏，坚壁不战。石逆初来，我军亦宜用此法。

【译文】

与罗萱 咸丰六年八月十九日申正

这些日子内专门以蓄养锐气为主，城中的贼匪经常会出城来挑战，我军要像一把擦拭干净后收藏起来的刀一般，坚决不去迎战。石达开这个逆匪来的时候，我军就可采用这一办法。

营官切不可有颉颃之气

【原文】

与罗萱 咸丰六年八月二十三日

省中各营官多有用之材，颉颃作气，势不肯下人，亦将领之常态，足下当剀切劝导。峙衡之短处，在所见间偏；其长处，在虽偏而不私。峙衡之令人怨处，在好当面骂人；其令人感处，在好救人之危急。此仆询之中、后营各勇而知，非仅闻之舍弟与足下也。足下将此数端，一一婉告省中诸将，略其短而服其长，自然互相敬爱矣。

【译文】

与罗萱 咸丰六年八月二十三日

省中的各个营官有很多是有用的人才，但是，他们互相对抗，在气势上不肯听从别人的。这一现象已经成为了将领们的一个常态，您应该切合事实地劝导他们。峙衡的缺点在于见解过于狭隘；他的优点在于虽然狭隘但是不偏袒私情。峙衡让人怨恨的地方，就是喜欢当面骂人；他

令人感动的地方，就是能够在危难时救人。他的这个优缺点，我手下中、后营的各位将士都知道，不仅仅是我弟弟和您知道。您把这几个方面都告知省中各个将领，原谅他的缺点而发挥他的长处，大家自然就互相敬爱了。

用兵之道不日进则日退

【原文】

加张运兰片 咸丰八年十月二十六日

用兵之道与读书同，不日进则日退，须"日知其所亡，月无忘其所能"为妙。贵军之剽轻捷，本属难能，故愿阁下无忘所能也。

【译文】

加张运兰片 咸丰八年十月二十六日

用兵的道理和读书是一样的，如果每天没有进步就等于每天退步了。必须要懂得"日知其所亡，月无忘其所能"这句话的妙处。您的军队剽悍而轻捷、行动迅猛，本来就是难能可贵的，所以希望阁下您不要忘记他们能够做到的事情。

为政治军当有判断是非之公心

【原文】

加沈葆桢片 咸丰八年十一月十三日

窃观自古大乱之世，必先变乱是非，而后政治颠倒，灾害从之。屈平之所以愤激沉身而不悔者，亦以当日是非淆乱为至痛。故曰"兰芷变而不芳，荃蕙化而为茅"，又曰"固时俗之从流，又孰能无变化"。伤是非之日移日淆，而几不能自主也。后世如汉、晋、唐、宋之末造，亦由朝廷之是非先紊，而后小人得志，君子有皇皇无依之象。推而至于一省之中、一军之内，亦必其是非不诡于正，而后其政绩少有可观。赏罚之任，视乎权位，有得行，有不得行。至于维持是非之公，则吾辈皆有不可辞之任。顾亭林先生所称"匹夫与有责焉"者也。

【译文】

加沈葆桢片 咸丰八年十一月十三日

观察从古至今以来大乱的世道，一定会先混淆是非，然后政治颠倒，接着灾害就出现了。屈原因为激愤而自沉（汨罗江）却不后悔，也是因为痛恨当时的是非混淆。所以屈原才会说"兰芷变而不芳，荃蕙化而为茅"

（兰草芷草失去了芳香，荃草蕙草变成了茅芳），又说出了"固时俗之从流，又孰能无变化"这样的诗句。伤痛于是非一天天的混淆，但是自己又不能控制作主。后世如汉、晋、唐、宋朝代的末世，也是由于朝廷首先混淆了是非开始的，然后是小人得志，君子们就会出现诚惶诚恐无依无靠的现象。如果这样的现象在一省之中、一军之内蔓延，一定会让是非混淆、正义不能伸张，然后政绩就会欠佳。赏罚的任务，要依据权力和位置，有可以实行的，也有不能实行的。至于维持是非的公正，则是我们不能推辞的责任。这就是顾亭林先生所说的"匹夫与有责焉"了。

用兵当详慎不苟

【原文】

加张运兰片 咸丰八年十二月二十二日

足下用兵，详慎不苟，欣慰之至。探看地势是第一要义，旗长中有善看者否？若无好手，须足下亲自查看，乃可放心。不宜信土人之一言以为依据。

【译文】

加张运兰片 咸丰八年十二月二十二日

您用兵的策略，慎重而不随便，我感到十分欣慰。观察地势是最重要的一点，旗长中有没有善于观察地形的人呢？如果没有好的人选，就需要您亲自查看，才能放心。不要用当地人的只言片语作为依据。

行兵但宜稳扎不宜轻进

【原文】

加王文瑞片（一） 咸丰八年十二月三十日

进冲甚易，退回甚难。此行兵者所忌也。此时审几度势，但宜稳扎，不宜轻进。名将以救败为第一难事。

【译文】

加王文瑞片（一） 咸丰八年十二月三十日

进攻非常容易，退回来则十分困难。这是用兵的人所忌讳的。现在要审视自己的力量，正确估计形势，而且适合稳扎稳打，不要轻易进攻。著名的将领都把挽救失败作为最困难的事。

嘱操兵事宜

【原文】

加左宗棠片 咸丰九年正月十二日

鸟枪二队，每队合队长火勇为十二人。抬枪二队，合队长火勇为四人。似亦可操。厥后阁下制劈山炮，为陆军利器，似不能不另立劈山炮哨官，而以小枪刀矛护之。

【译文】

加左宗棠片 咸丰九年正月十二日

鸟枪两队，每队有队长与使用火器的士兵一共十二人。抬枪有两队，有队长和士兵合计是四人。应该就可以操练了。如果以后您要制造劈山炮，以此来作为陆军的锐利武器，好像不得不另外设立劈山炮哨官，然后用小枪刀矛来保护他。

打仗不怕挫败
只怕伤亡太多

【原文】

致左宗棠 咸丰九年正月十七夜

打仗不怕挫败，只怕伤亡太多。自去腊十九、二十七、正月十一、二以来，我军伤损不少，士气稍沮。此间老营太单，势不能拨往济师。萧军甫至赣南，不可遽调。望阁下速催王枚村来江，或酌带湘百人维持凯、铃一军。并请催彭山屺之兵、佘星焕之勇，星速前来护卫老营。抽出朱、唐两营，归并凯章麾下，则生力渐多，而气势仍壮矣。

【译文】

致左宗棠 咸丰九年正月十七夜

打仗不怕失败，只怕伤亡太多。从去年腊月十九、二十七，正月十一、十二以来，我军的伤亡人数不少，士气稍稍有些衰退。这里的老营力量太单薄，根据当前的形势是不能调拨前往支援。萧军刚刚到达赣南，不能够马上调动。希望您能马上催促王枚村来江，或者根据形势带领几

百人来维持凯、铃一军。并让催彭山屺的士兵、佘星焕的乡勇，迅速前来保护老营。把朱、唐两营抽出，合并在凯章的旗下，那么所形成的力量渐渐增多，而气势就渐渐壮大了。

兵勇宜专习一途

【原文】

加胡林翼片（一） 咸丰九年二月十七日

以水师改充陆勇，而另募生手以补水营之额；不用师船，而另造渡船等式，殊增浩费，于尊意变法之中，微寓省费之道，已觉相背。然揆以水营近日之情态，恐须如此，乃克有济。若图省费，则可径行裁撤水军三、四营，全改陆军，亦犹可办得到。若必强其忽水忽陆、是一是二，则一舟之中，有改陆有不改陆、有加饷有不加饷，势必窒碍难通。耳不两听而聪，目不两视而明，兵勇愚蠢，自须专习一途，以壹其心志。上岸杀贼、洗足上船之说，当筑濡须坞时，已知其不可行矣。

【译文】

加胡林翼片（一） 咸丰九年二月十七日

（现在的情况是）要把水师改造成为陆上兵勇，而且要另外招募生手来填充水营的名额；不要用水师的船只，要靠另外造渡船等方式，这样确实增加了巨大的费用，与你的变法中要节省费用的意思已经有了违

背的地方。但是看到水师最近一段时间来的情形，如果不这样做恐怕就不能解决问题。如果贪图节省费用，就可立即裁撤水军三、四营，全部改为陆军，也一样能够办到。如果一定强制一会儿水战一会儿陆战、一军二用，那么，一船之中，有被改编为陆军的有不改为陆军的、有加薪饷有不加薪饷的，这样定然会遇到阻力从而难以行得通。耳朵不道听途说就会变得更加聪慧，眼睛不到处张望就会变得更加明亮，士兵是愚昧的，必须专门就一种方法练习，以此来锻炼他们的心志。上岸杀贼、洗脚上船的说法，在孙权建造濡须坞时，就已经知道它行不通了。

水师不宜改习陆战事

【原文】

致彭玉麟 咸丰九年二月十七日夜

水师改习陆战事，仆昔年亦常持此论，后思之亦多窒碍之处，今观来示所陈，多苦心体察之言，然润帅之志，思欲出奇制胜，亟肆以疲贼，多方以诱贼，若非从水军设法，则陆军更不能出奇矣。总求阁下与厚庵另生妙法，于下游稍出奇兵，则楚军乃有生动之趣，贼亦不敢壹意上犯。

【译文】

致彭玉麟 咸丰九年二月十七日夜

把水师改练习陆战的事，我以前也经常持有这一论点，后来对这个观点进行思考后明白其实这种方法有很多行不通的地方。现在看信中所说的，有很多是经过苦心体察后得到的言辞。但是胡帅的目的是希望能够出奇制胜，让贼匪疲劳，从多个方面来诱贼，如果不是从水军中想办法，那么陆军就更不能用出奇招了。只是请求您与厚庵另外想出一些好的方法，在下游处稍出奇兵，那么楚军才有出奇制胜的表现，贼匪也不敢一心想要进犯了。

军事非权不威非势不行

【原文】

加邵懿辰（一）片 咸丰九年二月十八日

军事非权不威，非势不行。弟处无权、无势之位，常冒争权、争势之嫌，年年依人，顽钝寡效。惟冀一、二有道君子，赐之针砭，兼亮苦衷，即深夜冥行，庶有见明之日。若不揣其本，而齐哄末，不知者弃之惟恐不速，知我者复责之惟恐不周，则歧路又歧，将奚所适从也。

【译文】

加邵懿辰（一）片 咸丰九年二月十八日

在治军上没有权力是不能树立威信的，没有势力也是行不通的。我处于无权、无势的位置，经常会冒着争权、争势的嫌疑，每年依靠别人，顽愚不改、效果甚微，只是希望有一两个有道的君子，能赐给我针砭式的教诲，还能明白我的苦衷，那样即使我是在黑夜中行走，也能有看到光明的一天。如果不揣想他本来的想法，反而追求表象；不了解他的人却唯恐背弃他不够迅速；明白他的人又责备他考虑的不够周全，那么歧路又开叉，他将往哪里走呢？

调营马以练马队最为要着

【原文】

复左宗棠 咸丰九年二月二十四日

调营马以练马队，最为要着。此时勇兴稍阑，气亦渐减，不得不参用有缺之武官、参用有籍之营兵，以资维系。若借此以整顿营伍，使有起色，则百年之利也。

【译文】

复左宗棠 咸丰九年二月二十四日

调动营中的战马来练习马队，是最重要的事。这个时候士兵的斗志稍稍消散，士气也渐渐减弱，不得不起用缺漏的武官和参用有军籍的营兵，让他们来维持队伍。如果用此来整顿队伍，能让它有所作为，那么就有上百年的长远利益了。

用军取势 当依情而定

【原文】

复左宗棠 咸丰九年三月十二日

贼取远势，我亦当取远势，良为至论。然观贼在闽、浙，专伺虚隙，略无道理，似其中并无能结硬寨、打死仗者。

【译文】

复左宗棠 咸丰九年三月十二日

贼匪在争取长远的打算，我们也应当争取长远的打算，这确实是极为正确的观点。但是，观察贼匪在闽、浙时，专门等待空虚的机会，看上去并没有多少章法，似乎其中并没有能够结硬寨、打死仗的贼匪。

须以劲兵驻守湖口

【原文】

复彭玉麟 咸丰九年三月十六日

湖口必须有劲兵驻守,水陆相依,乃无意外之虞。阁下亦不必避拥兵自卫之嫌,苟有可谋之陆兵,即谋置左右,固守钟崖,此水陆诸杰百战争得之地,亦即仆与阁下精神命脉之所寄也。如万无可谋之兵,此间当先拨千人即日驰赴湖口,以资防守,俟湖南事势稍松,国藩即率大队继往,与阁下相依附。

【译文】

复彭玉麟 咸丰九年三月十六日

湖口地区必须有强兵驻守,水陆之间要互相依靠,才能没有意外的担心。您也不必去着意回避拥兵自卫的嫌疑,如果有可安排的陆兵,按照谋略安排在左右,在钟崖坚守,这是水陆各位豪杰经过百战争得的地方,也即是我与您精神命脉寄托的地方;如果实在没有能够安排的军队,就要首先调拨一千人立刻奔赴湖口,进行防守,等到湖南的事势稍稍平静,我立即率领大队前往,与您互相依托。

骄怯多欲则不能坚守阵地

【原文】

致彭玉麟 咸丰九年五月初六日

普钦堂之六千人，将领不和，口粮不敷，人人料其当败。钦堂骄怯而多欲，亦无能久之理。在我者太无可恃，非关建贼之果骁悍。刻下左右所能为力者，以战船巡截湖面，使贼不能西渡而窥浔，与屈守力保钟崖，守此必争之要隘。二者最急之务。其次激励乡团，以防牯牛岭，整饬水师，助守彭泽县，是亦要着。至水师登岸陆战，似可不必，恐吃亏耳。

【译文】

致彭玉麟 咸丰九年五月初六日

普钦堂的六千人，将领之间并不和睦，军粮也不够用，人人都觉得他们应该会失败。钦堂这个人既骄奢又胆怯而且有很多欲望，也不能进行久战。在我军方面完全无所依靠，关键并非是因为贼匪的悍猛。您现在能够左右的事情是，用战船巡回拦截湖面，让贼匪不能够往西面逃渡，窥视浔地，并且要与屈守力保钟崖一地，守住这必争的要塞。这两件事是目前最急迫的事。其次要激励乡团，防守牯牛岭，整顿水师，帮助保卫彭泽县，这也是非常关键的地方。至于水师登岸参与陆战，似乎没有必要，恐怕要吃亏了。

适时择补实缺激励士气

【原文】

复官文　咸丰九年五月十二日

湘省弁勇近日能战者多，必须令补实缺，既可坚各弁久征之心，又可变营伍惰弱之习。都守以上，择尤咨部推补；千把以下，尊处酌量间补，在鄂之湘勇，去年缄商阁下，请补实缺，刍言已蒙采纳。敝处之湘勇，亦拟向尊处咨取千把以下数缺。弟于百弁之中，择补一二，将来贼平之后，勇则归农，弁目之精强者，则得缺归伍，亦销患之一道也。

【译文】

复官文　咸丰九年五月十二日

湖南省的士兵最近善于战斗的人很多，必须让他们能补上职位的空缺。一方面既能坚定各士兵长久征战的决心，另一方面又可以改变队伍懒惰懦弱的习惯。都守以上的职位，择优向兵部推荐补充；千总、把总以下的职位，您可以酌情考虑补充，启用那些在湖北的湖南士兵，我去年写信与您商量，请求补充空缺，我愚昧的意见已经得到了采纳。我这里的湖南士兵，也打算到您所在的部队咨询争取数位千总、把总以下的职位。我在一百个士兵中，选择补充一部分人，将来平定贼乱以后，士兵回乡，精悍强健的头目，就回到队伍填补空缺，这也是消除隐患的一个方法。

凡事当求不违于势不悖于理

【原文】

复胡林翼 咸丰十年九月十三日

若秦、晋则物产、兵力、人心，无一足恃，不知何见而以为愈于滦阳。大抵天下有理、有势，北援，理也；保江西、两湖三省，势也。吾辈但就目前之职位，求不违乎势，而亦不甚悖于理，此外出位之思，非常之策，吾辈尚可不必遽议，阁下以为然否？

【译文】

复胡林翼 咸丰十年九月十三日

若是说到秦、晋，那么不管是物产、兵力，还是人心，没有一样是可以依靠的，不知道为什么说比滦阳还要优越。大致上天下的形势有理与势的不同，援助北方，这是基本的道理；保卫江西、湖南、湖北三个省份，就是大势。就目前的职位考虑，只要是不违反大势，不违背情理。除此之外的考虑，不寻常的对策，我们现在还不能够马上进行讨论。阁下觉得我说的有道理吗？

主战以安定人心

而待事机之转

【原文】

复左宗棠 咸丰十年十一月十九日辰刻

弟思之至熟：此时率鲍军赴婺，计已落贼之后。且军心摇动之际，弟若轻动，则军民纷乱，米盐无买，各军皆不方便；不若弟与凯章主守，公与春霆主战，以待事机之转。

【译文】

复左宗棠 咸丰十年十一月十九日辰刻

我再三考虑之下，得出的结论是：此时若带领鲍军到婺地，估计已经远远落在了贼匪的后面。再加上现在军心动荡，若此时轻举妄动，势必会造成军民人心纷乱，到时候无法买到米和盐，各军都会不方便；现在，不如让我和凯章主守，而你和春霆主战，慢慢等待时机的转变。

治军以勤为先

【原文】

复宋梦兰 咸丰十年十一月十九日夜

治军以勤字为先,实阅历而知其不可易。未有平日不早起,而临敌忽能早起者;未有平日不习劳,而临敌忽能习劳者;未有平日不能忍饥耐寒,而临敌忽能忍饥耐寒者。徽防携眷、扰民,习气日深,实难挽回。吾辈当共习勤劳,先之以愧厉,继之以痛惩。阁下若有志斯事,或另招一二哨,苦心训练,绳以敝处营规,尽变徽防积习。如果可用,则逐渐增加,以是保卫珂乡,即以是共维大局。

【译文】

复宋梦兰 咸丰十年十一月十九日夜

"勤"是治理军队的首要任务,就是因为我有这方面的经验从而知道这是一条不可改变的定律。没有平时不起早,在面临敌人的进攻时忽然早起的人;没有在平时不勤奋,在面临敌人进攻的时候忽然勤奋的人;没有平时不能忍饥耐寒,在面临敌人进攻的时候忽然可以忍饥耐寒的人。徽防军队方面的人员已经形成了携带家眷、干扰百姓的坏习气,改变已经很难。我们应该一起勤奋训练,一开始用激励的方法,之后用痛惩的办法。如果阁下愿意做这件事情,或许可以另外招募一些哨兵,用心加以训练,用我们的营规教化他们,将徽防的恶习彻底改变过来。如果这个方式可行,再逐渐增加,以后让这些人来保卫家乡,不失为维护大局的好方法。

虑周则守备牢固

【原文】

复左宗棠 咸丰十年十一月二十一日午刻

守城煞非易事,银米、子药、油盐有一不备,不可言守备矣。又须得一谋勇兼优者,为一城之主。凡备多则力分,心专则虑周。应请阁下专守景镇,坚垒为牢固不拔之基。浮梁城可不必守,免致心悬两地。至要!至要!

【译文】

复左宗棠 咸丰十年十一月二十一日午刻

守城绝对不是一件容易的事情,银米、子药、油盐有一件没有备齐,就不可以说完成了守备工作。再加上一名优秀的有谋有勇的主帅,作为一城的核心。多处守备会通常分散力量,心意专一就可以思虑周全。所以请阁下专心守护景镇,让这里变成一个坚硬牢固、不能动摇的基地。阁下大可不必守护浮梁城,以免一心牵挂两地。至要!至要!

我军人少时宜各个击破敌军

【原文】

复左宗棠　咸丰十年十二月十七日

贵军须走右路而兼顾中路，鲍军须走中路而兼顾左路，此一定之理势。贵军老营尚在景镇，即以留镇之两营为根本；鲍军稍向左、向前，又以贵军为根本。两军兵力均不甚厚，只能各打一路，不特贵军不可分支，即鲍军亦不可分支。贼之布势太宽，我军人数较少，情愿先尽右边，暂空左边，不可作一网打尽之计。贼若来包抄，只许他从左边来，断不许他从右边来。

【译文】

复左宗棠　咸丰十年十二月十七日

贵军要走右路并且兼顾中路，鲍军要走中路并兼顾左路，这是一种必然的情况。贵军的老营仍然在景镇，就将留在镇里的两营作为根本；若是鲍军稍微向左、向前，就要以贵军作为根本。两军的兵力都不是很

强大，凭借现在的实力，只能各打一路，贵军与鲍军都不能再分兵作战。贼匪的势力范围太广，而我军的人数又太少，只能先占住右边，使左边暂时虚空，不可以做一网打尽的策略。如果贼匪实行包抄策略，只能让他从左边上来，决不能让他从右边上来。

中兴在乎得人不在乎得地

【原文】

加方翊元片 咸丰十一年正月二十三日

鄙意以为中兴在乎得人,不在乎得地。汉迁许都而亡,晋迁金陵而存。拓跋迁云中而兴,迁洛阳而衰。唐明皇、德宗再迁而皆振,僖宗、昭宗再迁而遂灭。宋迁临安而盛昌,金迁蔡州而沦胥。大抵有忧勤之君,贤劳之臣,迁亦可保,不迁亦可保;无其君,无其臣,迁亦可危,不迁亦可危。鄙人阅历世变,但觉除得人以外,无一事可恃也。

【译文】

加方翊元片 咸丰十一年正月二十三日

我觉得国家中兴要看有没有人才,而不在于地利。汉朝迁都至许后灭亡,晋朝将都城迁到金陵才得以保存。拓跋迁云中后不断振兴,迁到洛阳之后一步步走向衰亡。唐明皇、德宗迁都后国力一直强盛不衰,但僖宗、昭宗迁都却灭亡了。宋朝迁都至临安而昌盛,金国迁到蔡州而逐

渐沦亡。一般情况下，有忧劳勤勉的君主、贤明勤劳的大臣，迁都就可以保国，不迁都同样可以保国；国家没有这样的君臣，迁都就等于危亡，不迁都也会危亡。我看到世事的变迁，觉得除了人才之外，没有任何事情可以依靠。

不吸烟不扰民是办事根本

【原文】

加杨岳斌片 咸丰十一年正月二十九日

不吸烟，不扰民，二者是吾辈办事根本。

【译文】

加杨岳斌片 咸丰十一年正月二十九日

不抽鸦片，不干扰百姓，这两件事就是我们做事的根本。

用军当以守为攻

【原文】

复张运兰 咸丰十一年二月二十日辰刻

我军但当坚守休宁、渔亭两处，不必遽攻歙城，亦不必遽寻贼开仗。若仅现在歙城之贼，必不敢来攻休、渔。若婺、乐之贼，必仍踞上溪，来攻渔亭。攻一、二次不破，徽城亦不打自退矣。

【译文】

复张运兰 咸丰十一年二月二十日辰刻

只要我军可以坚守休宁、渔亭两个地方就可以了，没有必要马上进攻歙城，也没有必要与贼匪立刻开战。仅凭现在歙城的贼匪数量，一定不敢前来攻取休、渔两个地方。婺、乐的贼匪，一定仍然占据着上溪，继而进攻渔亭。如果进攻一、二次仍旧攻不下，徽城的贼匪自然就可以不打自退了。

或战或守　宜相度天时

【原文】

致鲍超　咸丰十一年四月初三日

或缓于求战，或急于进兵，宜相度天时，斟酌行之。

【译文】

致鲍超　咸丰十一年四月初三日

或者暂缓求战的时间，或者立刻率领军队进攻，不管是哪一种情况都要考虑天时的因素，反复思量以后再行动。

宜募足兵力　才可纵横如意

【原文】

复左宗棠　咸丰十一年四月二十日

惟地段太广，兵力太单。能游击则无人驻守，能驻守则无人游击。不驻则师无根基，不游则师无远势。皆非可久之道。应请阁下募足步队万人，以二千守婺源，以二千守景镇，以六千为游击之师，益以马队数百，即可纵横如意。

【译文】

复左宗棠　咸丰十一年四月二十日

我们现在的势力范围太小，兵力过于单薄。打游击战就没有了驻守人员，有了驻守人员就无人打游击。不驻守城池队伍就失去了根基，不打游击战，队伍就失去了长远发展的势力。这两种都不是长久维持实力的方法。希望阁下可以继续招募军队达到一万人左右，调动两千人守卫婺源，再用两千人守卫景德镇，剩下的六千人组建成打游击战的队伍，再加上马队数百人，就可以随心所欲、纵横自如了。

保固防所宜同心协力

【原文】

复江长贵 咸丰十一年五月十六日

现既同扎一处，同办一事，不必分别楚军、徽防名目。凡能保固防所者，皆劲兵也；凡防所营垒被陷者，皆弱兵也。嗣后请阁下遍告诸军士卒，不准分别楚军、徽防名目，即公牍不准分称。

【译文】

复江长贵 咸丰十一年五月十六日

既然现在我们驻扎在同一个地方，为了同一件事情共同努力，就没有必要分别楚军与徽防军了。只要是可以守卫巩固防所的士兵，都是强劲的士兵；只要是防所营垒被攻陷的，就证明这些都是疲弱的士兵。从此之后请阁下告诉各路军队士兵，不需要分别楚军、徽防军，即使是往来的公函文件也不允许分别称谓。

用军须专不可两头兼顾

【原文】

致姚体备 咸丰十一年五月二十九日

若此三军移扎渔亭，人各一心，闽贼果来，必将不战自溃。豫营久驻历口，深沟高垒，几费经营，尤为安土重迁，不愿移动。凡此等军中隐情，不可不细心体察。一拂其情，虽劲旅亦不得力，况劣营乎！鄙意豫营万不可动，峰、礼在黟在渔无甚区别，介乎可动可不动之间。江军门若移渔亭，则须全军驻渔；若留柏溪，则须全军驻柏。断不可两头兼顾，反致误事。鄙人向不喜言分兵，亦不喜言兼顾，亦不喜屡调屡动。

【译文】

致姚体备 咸丰十一年五月二十九日

如果这三支军队全部驻扎在渔亭，并各怀心思，此时闽军前来攻打的话，三支军队一定在还没有开战时就已经战败了。豫营长期驻扎在历口，已经高筑营垒深挖壕沟，长期费力经营，尤其在迁移这件事情上，不愿意移动。只要是这类军中的隐情，怎么可以不仔细体察。一旦违背了实际情况，即便是再强劲的队伍也不可能全力作战，更何况是劣等的营旅呢！所以我认为豫营是万万不可以移动的，峰、礼驻守在黟或者渔没有什么太大的区别，在可以移动和不可以移动之间。若是江军门移军到渔亭，就需要全军驻守在渔亭；如果留在柏溪，就需要全军驻守在柏溪。它们不可以做到两头兼顾，这样反而会耽误大事。我向来不主张分散兵力，也不主张兼顾，更不主张屡调屡动。

战守兼资布置最妥

【原文】

复多隆阿　咸丰十一年九月三十日

贵部以四营守桐，四营守舒，馀十数营作援应之师，战守兼资，布置最妥。若分守庐江，以活兵改作呆兵，自不相宜，请即无庸抽动。敝处守省之兵，亦可暂不抽拨。

【译文】

复多隆阿　咸丰十一年九月三十日

贵部用四个营驻守桐城，四个营在舒城驻守，剩下的十几个营作为后援兵力进行接应，如此一来作战与防守都兼顾了，这样的布置再妥当不过了。若是将军队分守庐江，把活兵变成呆兵，自然就不好了，请不要再做调动。我这里守省的兵力，也可以暂时不做调动。

军队营制以无妨碍为佳

【原文】

复多隆阿 同治元年正月初一日

惟敝处向来营制与尊处微有不同。如每哨之下，敝处仅有护哨六名；尊处则添队长、蓝旗、大炮、喷筒等为一棚。其馀八棚，敝处分别枪炮四棚、刀矛四棚；尊处则每棚皆有枪炮、长矛。此营制之略有不同也。

其站队之法，敝处每哨八棚即站八队；尊处则八棚分为十六队。制度既变，即阵法亦因之而变。敝处旧制，枪炮队中不与长矛相间杂，行之已久，骤难更改。兹欲仍敝处之营制，习尊处之阵法，不知无妨碍否？

【译文】

复多隆阿 同治元年正月初一日

我这里一直以来的营制同你那里稍微有一些不同。例如，每一个防哨，我这里只会布置护哨兵六名；你那里就增加了队长、蓝旗、大炮、喷筒等一棚兵力。剩下的八棚，我这里分别有枪炮四棚、刀矛四棚；你那里每棚还会设有枪炮、长矛。这就是营制策略上的不同。

关于士兵战队的方法，我这里每哨八棚需要站成八队；你那里的八

棚需要站成十六队。制度出现了改变，那么阵法也会随之改变。我这里实行的是陈旧的体制，枪炮队中不和长矛互相夹杂，这样的做法已经持续了很长时间了，一时间很难改变。现在想按照我这里的营制，学习你那里的阵法，不知道可不可以行得通？

治军贵纪律严明

【原文】

复曾秉忠 同治元年正月十六日

贵军外防发贼之冲突，内与洋人相交涉，必须纪律严明，秋毫无犯，庶免不战自焚之患。

【译文】

复曾秉忠 同治元年正月十六日

对外，贵军要防犯贼匪的突然进攻；对内，还要与洋人往来交涉，必须纪律严明，秋毫无犯，才可以免除还没有开战就已经自焚自灭的危险。

营中无事当以勤操为第一要义

【原文】

复江长贵　同治元年二月初三日

营中无事，以勤操为第一要义。操队伍则临阵不至散乱，操枪炮则临阵不至早放。近日贼众我寡，非枪炮有准，断难抵御。湘勇枪炮系照绿营兵丁之法，但演放视绿营更勤耳。阁下由绿营行伍出身，贵部亦多由兵丁出身者，于操演枪炮必系内行。但须每日两次，勤操勤习。

【译文】

复江长贵　同治元年二月初三日

营伍没有特别重要的事情，其中最重要的事情就是勤于操练军队。操练好军队，到了临阵打仗的时候队伍才不会散乱；练习好枪炮的技艺，到了临阵打仗的时候炮弹才不会放早。现在处于敌众我寡的局势，如果枪炮不准确的话，实在是难以抵御敌人。湘勇枪炮的技艺主要是按照绿营兵丁的办法，但是队伍的操练较绿营更加勤奋了。你是绿营行伍走出来的，贵部也有很多兵丁出身的，在操演枪炮方面一定是内行。但是也需要每日两次，勤操勤练。

军中将领切忌浮滑

【原文】

加姚体备片　同治元年二月初三夜

将领之浮滑者，一遇危险之际，其神情之飞动，足以摇惑军心；其言语之圆滑，足以淆乱是非，故楚军历不喜用善说话之将，非仅弟一人然也。

【译文】

加姚体备片　同治元年二月初三夜

队伍中那些轻浮狡猾的将领们，等到危险的时候，就会神色大变，这样的举动无疑会动摇和蛊惑军心；他们在说话方面显得十分圆滑，这足以淆乱是非，所以楚军一直以来都不喜欢任用喜欢说话的将领，并不是我一个人这样。

整顿营伍

一要挑兵亲练 二要选将补缺

【原文】

复沈葆桢　同治元年三月初十日

整顿营伍，殊无良法。弟蓄此意久矣，至今未展一筹。希庵欲将皖兵全数遣散不补，另择佳勇补之。此法可行于安徽，似难行于江西。来示欲弟轮召到营，随同战守。弟并未亲临前敌，若发往他处，谁肯照料训练？稍图补救之法，约有二端：一曰挑兵亲练。选兵之精壮不吸洋烟者，召至贵署左近，酌增口粮，亲自训练。吴㼐斋前辈抚湘时，曾行此法，择牛松山为教师，今杨厚庵军门即其时练技之最著者也。陈伯陵昨防吉安，亦嘱其挑二百兵认真操练。一曰选将补缺。兵部班次虽头绪繁多，动辄违碍，然由尊处与敝处专摺奏补，将其不合例之处一一声明，必可邀允。

【译文】

复沈葆桢　同治元年三月初十日

整顿营伍，实在没有其他好的方法。我已经想了很久了，一直到现在也是无可奈何。希庵想要将皖兵全部遣散、不作补充，另外挑选优秀的勇士补上空缺。这个方法在安徽可行，在江西似乎难以实行。来信希望我可以前往他们的营地，随同军队一起战守。我并没有亲临前敌，若是到了其他地方，又有谁来照料和看管这里的训练呢？想想补救的办法，大体上有两个：一是挑选士兵亲自训练。挑选那些不吸洋烟的精壮的士兵，召集到你署的附近，酌情增加口粮，亲自训练。吴瀹斋前辈任湖南巡抚的时候，曾经用过这种方法，任牛松山为教练，如今杨厚庵军门就是那时练兵中最著名的。昨天，陈伯陵防守吉安的时候，也叮嘱他挑选的二百士兵认真操练。另一个就是挑选将领补缺。兵部班次头绪虽然繁多，时不时就违反规定，如果由你那里与我这里的专摺奏补，将那些不合条例的地方一一说明，一定可以获得批准。

训练未熟不宜出仗
爱民为行军第一义

【原文】

复李鸿章　同治元年三月三十日

兵勇训练未熟，人数未齐，目下断不宜出仗，尽可以鄙人坚持不允，力却众论。如贼果前来逼扑，有不得不打之势，则尊处自为相机办理，国藩不遥制也。

爱民乃行军第一义，须日日三令五申，视为性命根本之事，毋视为要结粉饰之文。洋兵会剿腹地，吾变勉为应允，但说明无人可派往会剿耳。

【译文】

复李鸿章　同治元年三月三十日

士兵训练的还不够熟练，人员也还没有凑齐，眼下还不是打仗的最好时机，所以，在可能的情况下我坚持不允许出战，而且我还会竭力排除各种议论。若贼匪果真突然来袭，又有不得不打的势头，那么你可以见机行事，不用请示我了。

爱护百姓是行军打仗的第一要义，需要天天三令五申，当作是性命根本的大事，不要看成仅仅是一些无关紧要的话。洋兵会剿腹地，我勉强同意，但是也表明没有人可以派出来进行剿匪了。

派兵交洋人训练断不可多

【原文】

复李鸿章　同治元年七月初八日

派兵交洋人训练，断不可多，愈少愈好。与洋人交际，孔子忠敬以行蛮貊、勾践卑逊以骄吴人二义，均不可少。形迹总以疏淡为妙。我疏淡而足以自立，则彼必愈求亲昵。此一定之情态也。

【译文】

复李鸿章　同治元年七月初八日

交给洋人训练的士兵，人数一定不要太多，愈少愈好。在和洋人的来往中，要持有不同的态度。孔子以恭敬的态度和蛮貊进行交往、勾践卑逊的态度让吴人越发骄奢，这两者都不可缺少。举动和神色上采取疏淡的方式才是最好的方法。虽然我的态度疏淡但是可以自立，因此，他们一定会和我越来越亲昵。这是必然会发生的事情。

战阵须靠本营之兵力

【原文】

致鲍超　同治元年十月初四日

战阵时纯靠本营之兵得力，切莫专靠客兵，恐误事也。

【译文】

致鲍超　同治元年十月初四日

打仗时要完全依靠自家军队的力量，一定不要依靠别人的兵力，那样恐怕会耽误大事。

当以练兵为先务

【原文】

加刘长佑片　同治元年十月二十九日

看来世变弥大，兵事方殷。粤东虽无巨股，阁下仍当以练兵为先务也。

【译文】

加刘长佑片　同治元年十月二十九日

看来世事变迁越大，兵事就会变得越发频繁。粤东虽然没有很大的贼匪力量，你也要以练兵作为首要任务。

宜坚守勿浪战

【原文】

加李昭庆片　同治元年十一月十四日

国藩每劝人守城守垒，不愿人轻进浪战。据坚深之墙濠，与就空旷之散地，孰难孰易？新募之众，野战尤无把握。

【译文】

加李昭庆片　同治元年十一月十四日

国藩经常劝告他人守城守垒，不希望军队轻易进攻作战。占领驻守在坚深的墙濠中，与把守在空旷的地方相比较，哪一个困难哪一个容易呢？新招募的兵勇，对于野战尤其没有把握。

用兵之道在人不在器

【原文】

复李鸿章　同治元年十二月初二日

鄙人尝疑用兵之道，在人而不在器。

【译文】

复李鸿章　同治元年十二月初二日

我时常思考用兵的方法，主要在于用兵的人而不是武器。

战事不可冒险轻进

【原文】

复杨岳斌　同治元年十二月二十五日

凡要害之地皆为我有。巢县与铜城闸之贼，似难久踞，不必冒险轻进，以求速效，高明以为何如？

【译文】

复杨岳斌　同治元年十二月二十五日

只要是要害的地方都已经被我们占据。巢县与铜城闸的贼匪，好像难以长久据守，不必为了谋求迅速而冒险轻易进攻，你觉得这样的建议怎么样呢？

治军宜勤俭谨信

【原文】

复彭毓橘　同治二年正月初一日

此后惟于"勤俭谨信"四字，更加工夫。勤则兴旺，惰则衰颓。俭者可以正风气，可以惜后福。谨即谦恭也，谦则不遭人忌，恭则不受人侮。信则诚实也，一言不欺，一事不假，行之既久，人皆信之，鬼神亦钦之。

【译文】

复彭毓橘　同治二年正月初一日

以后需要在"勤俭谨信"四个字的修炼上多下一番功夫。勤奋会带来兴旺，懒惰则会导致衰败。俭朴可以正风气，让人懂得珍惜现在所拥有的。谨慎就是谦虚、恭敬，谦虚就不会被忌妒，恭敬就不会被别人欺侮。信就是诚实，不说一句谎话，不做一件假事，久而久之，人人都相信他，就连鬼神也会钦佩他了。

散漫之贼以要击为佳

【原文】

复李榕　同治二年三月二十四日

目下之贼，实属散漫，总以要击为佳，不可过于持重也。

【译文】

复李榕　同治二年三月二十四日

现在的敌人，实在是游离散漫，进攻是最好的方法，不能够过于稳重以至于错失了先机。

若招致智巧洋人为我所用

虽万金不吝

【原文】

复郭嵩焘　同治二年三月二十七日

容春浦上年曾来安庆，鄙意以其人久处泰西，深得要领，欲借以招致智巧洋人来为我用。果其招徕渐多，则开厂不于浦东，不于湘潭，凡两湖近水偏僻之县，均可开厂。如湘之常、澧，鄂之荆、襄，滨江不乏善地。此间如华若汀、徐雪村、龚春海辈，内地不乏良工，曷与容君熟商，请其出洋，广为罗致。如须赉多金以往，请即谋之少荃，虽数万金不宜吝也。其善造洋火铜冒者，尤以多募为要。

【译文】

复郭嵩焘　同治二年三月二十七日

容春浦去年的时候来到安庆，我认为这个人在西方待的时间长了，了解当地的情况，想借助他招募一些机巧聪慧的洋人来帮助我们。如果他招募的人越来越多的话，那么不仅可以在浦东、湘潭设立工厂，只要是两湖附近的偏僻县城，都可以办厂了。比如说湘的常、澧，鄂的荆、襄，临江也有不少好地方。我们这里有华若汀、徐雪村、龚春海这些人，我们也不缺乏好的技师，为何不与容君好好商量一番，请他出使外国，广泛地搜罗人才呢？如果需要很多的钱才肯前往，请马上与少荃商量，即便是巨款也不要吝惜。那些擅长制造洋火铜冒的人，当然是招募越多越好了，这件事情尤为重要。

若攻坚不果不宜再打

【原文】

复彭毓橘　同治二年三月二十七日

攻坚最伤精锐，既经十八日苦打一次，则以后不宜再打矣。

【译文】

复彭毓橘　同治二年三月二十七日

打攻坚战势必会损兵折将，既然这次战役打了十八天之久，以后就没有必要再打了。

敌资财最易误事

【原文】

复李榕 同治二年五月初十日

贪贼中资财，最易误事，吾见前此诸军因贪抢贼脏，转胜为败者，指不胜屈。每谓骚扰为人鬼关，贪财为生死关。盖言爱民则人；扰民则鬼，力战遗财则生；贪财忘战则死也。霆营于洋财言之津津，最为恶道。阁下新立一军，欲求临阵不至大败，得手时能多杀，不得不以禁贪财为第一义。若待有转胜为败之祸，而后悔之，则已晚矣。

【译文】

复李榕 同治二年五月初十日

贪图贼匪的财物，最容易耽误大事。我之前见过许多军队因为贪抢贼匪的赃物，转胜为败的，这样的例子太多，简直数不胜数。经常存在这样的说法：骚扰是人鬼关，贪财是生死关。意思就是说，爱护百姓的士兵就是人；骚扰百姓的士兵便是鬼，拼劲全力作战忘掉财物就可以生；

只贪财而不顾作战就只有死路一条。鲍春霆津津有味地谈论洋财，堪称恶人之首。阁下刚刚组建了一支新的军队，想要临阵而不大败，杀死更多的敌人，不得不将勿贪财放在首位。若是等到转胜为败的祸事发生，再来后悔，就已经迟了。

应设法严禁军队骚扰

【原文】

加杨岳斌片　同治二年五月十一日

楚军向来颇讲纪律，近日霆军到处搔扰，各处来咨及绅民控告者甚多，皆归咎于鄙人。国藩愧而且憾，情愿不打贼了，不愿部下有此风气。春霆心地却好，颇有忠君爱国之意，志在灭贼，鄙人取其长而略其短。

【译文】

加杨岳斌片　同治二年五月十一日

楚军一向很有纪律性，这几天鲍春霆的军队到处骚扰百姓，各个地方的乡绅百姓纷纷前来投诉和控告，并将这些责任归咎到我的身上。国藩真的感到惭愧和遗憾，我宁愿不打仗了，也不希望自己手下的士兵有这样不好的风气。春霆心地善良，具有强烈的爱国情怀，立志要与贼匪抗战到底，我选择了他的长处却忽略了他的短处。

整顿营务毋求速效

【原文】

致沅弟　咸丰七年十月初十日

弟此刻到营，宜专意整顿营务，毋求近功速效。弟信中以各郡往事推度，尚有欲速之念。此时自治毫无把握，遽求成效，则气浮而乏，内心不可不察。进兵须由自己作主，不可因他人之言而受其牵制。非特进兵为然，即寻常出队开仗亦不可受人牵制。应战时，虽他营不愿而我营亦必接战；不应战时，虽他营催促，我亦且持重不进。

【译文】

致沅弟　咸丰七年十月初十日

弟弟这个时候来到军营，应该专心整顿军营事务，不要急功近利。弟弟的信里面讨论到各个郡的事宜，还存有快速解决问题的意念。此时，治理自身仍没有十足的把握，一味地追求成效，势必会让军心浮动、军队困乏。这些，你都不能不深思熟虑啊。是否出兵需要自己做主，不能因为其他人的说法受到牵制。并非出兵是这样，就是平常领兵打仗也不能受人牵制。需要应战的时候，即便是其他的营队不愿出战，自己的营队也要应战；不需要作战的时候，即使其他营队催促，也应该坚持不出兵。

带勇之法以体察人才为第一

【原文】

致沅弟　咸丰七年十二月十四日夜

带勇之法，以体察人才为第一，整顿营规、讲求战守次之。《得胜歌》中各条，一一皆宜详求。至于口粮一事，不宜过于忧虑，不可时常发禀。

【译文】

致沅弟　咸丰七年十二月十四日夜

率兵遣将的方法，将体察人才放在首要地位，而整顿营规、讲求进攻与防守的策略则是次要的。《得胜歌》中的每一个条例，应该一条一条确认。关于粮草这件事情，不宜过分担心，不应当经常上报朝廷。

真心爱兵勇百姓
则可得勇心民心

【原文】

致沅弟　咸丰八年正月十九日

民宜爱而刁民不必爱，绅宜敬而劣绅不必敬。弟在外能如此条理分明，则凡兄之缺憾，弟可一一为我弥缝而匡救之矣。昨信言无本不立，无文不行，大抵与兵勇及百姓交际，只要此心真实爱之，即可见谅于下。余之所以颇得民心勇心者，此也。与官员及绅士交际，则心虽有等差而外之仪文不可不稍隆，余之所以不获于官场者，此也。

【译文】

致沅弟　咸丰八年正月十九日

百姓需要爱护，但是刁民就没有必要爱护了；乡绅需要敬重，但是劣绅就没有必要敬重了。只要弟弟能够这样分清条理，那么凡是兄长的缺陷，弟弟就能够为我一一弥补而纠正它了。昨天在信中谈到做事不立足根本是行不通的，没有条文也行不通，大体上与兵勇和百姓相交往，只要真

心爱护他们，就可以被属下体谅。我之所以能得到百姓和兵勇的拥护，就是这个原因。与官员及绅士交往，心里虽有不同的想法但外表仪态上还是要郑重其事，我所以得不到官场的欢心，也是这个原因。

兴办土城以作合围

【原文】

致沅弟　咸丰十年六月二十二日

弟处兵力本单，老营劲营尤少，兄不甚放心。然此时桐城有兵，枞阳有兵，青草塥有兵，若不趁此合围，则天下更无可办之事矣。鲍兵不甚可恃，然不能不冒险一办。办成之后，则不险矣。土功太大太难，恐勇尚有不敷，可商之莫善征，雇用民夫。其始略用霸道，其后日日给价，民间亦必悦服。多用银数千两，兄必办解不惜也。盛暑兴工，宜以早夜为之，午、未、申三地均宜停止。

【译文】

致沅弟　咸丰十年六月二十二日

弟弟的兵力本来就很单薄，老营和劲旅尤其很少，我不是很放心。但是这时候桐城有兵，枞阳有兵，青草塥有兵，如果不趁此机会进行合力围堵，那么天下就没有可以处理的事情了。鲍兵不能依靠，但是不能不冒险一试。事情成功之后，你的境地就不危险了。之前做的土木工程太大太难，恐怕仅仅依靠兵勇还不能完成，可以与莫善征商量，雇用百姓。

开始的时候用一点强制手段，以后每天都付工钱，这样的话百姓一定会非常乐于服从。多用一些银两，兄长我一定设法解决钱的问题。在盛夏施工，适宜在早晨和夜晚工作，十一时至下午五时这个时间段应该停止。

庸人以惰致败

才人以傲致败

【原文】

致沅弟　咸丰十年九月二十三日

天下古今之庸人，皆以一惰字致败；天下古今之才人，皆以一傲字致败。吾在军事而推之，凡事皆然，愿与诸弟交勉之。

【译文】

致沅弟　咸丰十年九月二十三日

自古以来平凡庸俗的人，都是因为一个惰字导致失败的；自古以来有才华的人，都是因为一个傲字导致失败的。我把这个道理推广到军事上面，凡事都需要遵循它，希望与各位兄弟交流并且共同勉励。

办大事者以多选替手为第一义

【原文】

致沅弟　同治元年四月十二日

弟军万八千人，总须另有二人堪为统带者，每人统五六千，弟自统七八千，然后可分可合。杏南而外，尚有何人可以分统？亦须早早提拔。办大事者，以多选替手为第一义。满意之选不可得，姑节取其次，以徐徐教育可也。

【译文】

致沅弟　同治元年四月十二日

弟弟所带的军队有一万八千人，需要另外有两个人作为军队的统领者，每人统领五六千人，弟弟亲自统领七八千人，这些分支可以分散也可以合并。杏南之外的，有没有谁可以统领军队？如果有就需要早早提拔。做大事情的人，将多多挑选智勇双全的助手当做最重要的事情。满意的人不能够选择成功时，需要暂时选择次要的人选，以便慢慢教育成为可用之人。

选将以打仗坚忍为第一义

【原文】

致沅弟　同治元年六月二十三日

大约选将,以打仗坚忍为第一义。而说话宜有条理,利心不可太浓。两者亦第二义也。

【译文】

致沅弟　同治元年六月二十三日

在选拔将才的时候,大多数都是以他们打仗时表现出来的坚韧为第一重要的条件。此外说话要层次分明,功利心不能太强。这两条也是挑选将领的第二个重要条件。

善将兵者
当日日申诫将领训练士卒

【原文】

致沅弟季弟　同治元年七月初一日

凡善将兵者，日日申诫将领，训练士卒。遇有战阵小挫，则于其将领责之戒之，甚者或杀之，或且泣且教，终日絮聒不休，正所以爱其部曲，保其本营之门面声名也。不善将兵者，不责本营之将弁，而妒他军之胜己，不求部下之自强，而但恭惟上司，应酬朋辈，以要求名誉，则计更左矣。

【译文】

致沅弟季弟　同治元年七月初一日

只要是擅长调兵遣将的人，都会每天训诫自己的将领，训练自己的士兵。一旦在战场上遇到小小的挫折，便会责怪、告诫自己的将领，有的会杀掉，有的则是一边痛心落泪一边进行细心地教育，每天喋喋不休。这样做，就是因为爱护自己的部下，维护自己部队的门面声名。不擅长调兵遣将的人，不责备本营的将领士兵，却妒忌其他的军队胜过自己，不要求部下自己奋发图强，只是恭维自己的上级，结交、应酬一些狐朋狗友，以这样的办法来沽名钓誉，就大错特错了。

身居绝地宜谋自救之法

【原文】

致沅弟　同治元年闰八月十六日

身居绝地，只有死中求生之法，切不可专盼多军，致将卒始因求助而懈弛，后因失望而气馁了。

【译文】

致沅弟　同治元年闰八月十六日

行军打仗的时候身处绝境，只能下定死中求生的决心，绝不可只是盼望多隆阿支派兵力援助，那样会导致自己的将领士兵一开始就抱着求助之心，从而在作战的时候表现懈怠，最后因为失望而气馁了。

用兵最重气势

【原文】

致沅弟季弟　同治元年九月初九日

凡用兵最重气势二字。此次弟以两万人驻于该处,太不得势。兵勇之力,须常留其有馀,乃能养其锐气。缩地约守,亦所以蓄气也。

【译文】

致沅弟季弟　同治元年九月初九日

只要是用兵都应重视"气势"的两个字。这次弟弟调集二万人驻扎在芜湖这个地方,实在没有占尽气势。军队的士气,需要常常留有余地,才能积蓄他们的锐气。缩守阵地做坚守的打算,同样可以积蓄士兵的锐气。

制胜之道在人不在器

【原文】

致沅弟　同治元年九月十一日

然制胜之道，实在人而不在器。鲍春霆并无洋枪洋药，然亦屡当大敌。前年十月、去年六月，亦曾与忠酋接仗，未闻以无洋人军火为憾。和、张在金陵时，洋人军器最多，而无救于十年三月之败。弟若专从此等处用心，则风气所趋，恐部下将士，人人有务外取巧之习，无反己守拙之道，或流于和、张之门径而不自觉。不可不深思，不可不猛省。

【译文】

致沅弟　同治元年九月十一日

在战争中制胜的根本，其实在于人而不是武器。鲍春霆并没有洋枪洋药，但是也一次次抵挡了敌人。前年的十月、去年的六月，也曾经和忠酋打过仗，从没有听说因为没有洋人的军火而遗憾的。和、张驻扎金陵的时候，洋人的军器数不胜数，但也无法挽救他们在十年三月的失败。

弟弟如果将自己的心思用在武力军火方面，渐渐就会形成一种风气。恐怕部下和将士，人人都会养成不误正业、投机取巧的习气，反而失去了自己老实守拙的心思，有的已经趋于和、张的风气而自己都没有意识到。关于这些问题都不可不深思，不可不深刻反省自己。

审力贵于审机审势

【原文】

致沅弟　同治元年九月二十四日

审机审势，犹在其后，第一先贵审力。审力者，知己知彼之切实工夫也。弟当初以孤军进雨花台，于审力工夫微欠。自贼到后，壹意苦守，其好处又全在审力二字，更望将此二字直做到底。古人云兵骄必败，老子云两军相对哀者胜矣。不审力，则所谓骄也；审力而不自足，即老子之所谓哀也。

【译文】

致沅弟　同治元年九月二十四日

审度时机和考察形势，这些都是其次的。首先应该做到审力。所谓审力，就是知己知彼这种实实在在的功夫。当初，弟弟独自率领军队进驻雨花台，就是因为在审力方面稍有欠缺。等到敌人进攻之后，只是一意苦守，这样做反倒恰恰体现了审力两个字。我更希望你将这两个字一直坚持到底。古人说过"兵骄必败"，老子说过"两军相对，哀者胜矣"。不审力，就是所谓的骄傲；审力而不能自立，便是老子所说的"哀"了。

行军宜藏

【原文】

致沅弟　同治元年十月初三日

凡行军最忌有赫赫之名,为天下所指目,为贼匪所必争。莫若从贼所不经意之处下手,既得之后,贼乃知其为要隘,起而争之,则我占先着矣。

【译文】

致沅弟　同治元年十月初三日

行军打仗最忌讳的就是争夺那些要塞地区,继而被天下百姓注目和议论,从而成为贼匪争夺的对象。倒不如在贼匪不经意的地方着手,等到成功夺得之后,贼匪才知道它是要害,即便他们群起而争,地方也已被我们首先占领了。

用兵之道　全军为上

【原文】

致沅弟　同治元年十月十五日

总之，用兵之道，全军为上，保城池次之。弟自行默度，应如何而后保全本军。如不退而后能全军，不退可也；如必退而后能全军，退可也。

【译文】

致沅弟　同治元年十月十五日

总之，用兵之道，首先为保全军队，其次才是保守城池。弟弟自己仔细考虑一下，应该怎样保全自己的军队。如果在不撤退的情况下还能保全军队，不撤退也可以；如果撤退之后才能保全队伍，撤退也可以。

用兵宜用活兵轻兵

【原文】

致沅弟　同治元年十月二十日

弟在军已久，阅事颇多，以后宜多用活兵，少用呆兵，多用轻兵，少用重兵。进退开合，变化不测，活兵也；屯宿一处，师老人顽，呆兵也；多用大炮辎重，文员太众，车船难齐，重兵也；器械轻灵，马驮辎重，不用车船轿夫，飙驰电击，轻兵也。弟军积习已深，今欲全改为活兵、轻兵，势必不能，姑且改为半活半呆、半轻半重，亦有更战互休之时。望弟力变大计，以金陵、金柱为呆兵、重兵，而以进剿东坝、二溧为活兵、轻兵，庶有济乎！

【译文】

致沅弟　同治元年十月二十日

弟弟在军队的时间很久了，战争也经历了很多。在以后调兵的时候应该多用活兵，少用呆兵；多用轻兵，少用重兵。在作战的时候，可以做到进退开合，变化不测，这就是活兵；总是驻扎在一个地方，依照老办法行事，人更是顽固不化，这就是呆兵；军队中的大炮等器械占多数，

文员过于冗多，车船方面无法备齐，这是重兵；器械轻巧，马驮占多数，不任用车船轿夫，行动时风驰电掣，这是轻兵。弟弟的部队风气已经形成，现在想要让其全部变成活兵、轻兵，一定做不到，暂且就改为半活半呆、半轻半重的士兵吧，这样就为变换战术、休养生息打下了基础。希望弟弟竭尽全力改变现在的状况，调遣呆兵、重兵驻守金陵、金柱，而进军攻打东坝、二溧二地的均为活兵、轻兵，这样也许能成事！

避捻军之长处攻其短处

【原文】

致沅弟　同治五年十二月二十

吾观捻之长技约有四端：一曰步贼长竿，于枪子如雨之中冒烟冲进；二曰马贼周围包裹速而且匀；三曰善战而不轻试其锋，必待官兵找他，他不先找官兵，得粤匪初起之诀；四曰行走剽疾，时而数日千里，时而旋磨打圈。捻之短处亦有三端：一曰全无火器，不善攻坚，只要官吏能守城池，乡民能守堡寨，贼即无粮可掳；二曰夜不扎营，散住村庄，若得善偷营者乘夜劫之，胁从者易逃溃；三曰辎重妇女骡驴极多，若善战者与之相持而别出奇兵袭其辎重，必大受创。此吾所阅历而得之者。

【译文】

致沅弟　同治五年十二月二十二日

在我看来，捻军的优点和特点大致可以分为四个方面：第一就是贼匪的步兵中有长枪，在枪林弹雨中勇敢向前；第二是贼匪的马兵进行包围的时候动作迅速并且分布均匀；第三是善于战斗但是不会轻易暴露锋芒，一定要等到官兵主动进攻，而不会主动进攻官兵，这些是受到了粤

匪最初时的影响；第四是行军速度迅疾，有时几天时间就可以行进千里，有时候会在原地打转不前。捻军的缺点也有三个地方：一是没有火力武器，所以不擅长进攻，只要官吏可以守护城池，乡民可以守护堡寨，贼匪就无法掳到粮食了；二是夜晚不扎营，而是分散着住进村庄，若是擅长偷营的人乘夜偷袭他们，能够虏获他们的士兵并且可以轻易逃跑；三是妇女、骡驴的数量很多，如果擅长作战的士兵与其相峙，再出其不意袭击辎重，一定可以让他们损失惨重。这些都是我从以前的经验中得出的结论。

兵者 阴事也

【原文】

兵者，阴事也。哀戚之意如临亲丧，肃敬之心如承大祭，庶为近之。今以牛羊犬豕而就屠烹，见其悲啼于割剥之顷，宛转于刀俎之间，仁者将有所不忍，况以人命为浪博轻掷之物，无论其败丧也，即使幸胜，而死伤相望，断头洞胸，折臂失足，血肉狼籍，日陈吾前，哀矜之不遑，喜于何有？故军中不宜有欢欣之象。有欢欣之象者，无论或为和悦，或为骄盈，终归于败而已矣。

【译文】

兵事，就是所谓的沉重的事。悲哀的感觉就像是亲眼看到了亲人的丧礼，敬畏的心情就像是参加大型的祭祀活动，这样的比喻是非常相近的。现在看到牛羊狗猪被屠杀烹煮，听到它们被屠杀时发出的悲啼，在刀俎之间徘徊，有仁有义的人都会有所不忍的，更何况将人命当做轻贱的东西丢弃。不说是否会失败，即便是侥幸得胜了，但是看着眼前死伤的士兵，

断头穿胸、折臂失足、血肉狼籍，这样的事情每天都在上演，哀痛怜恤都已经来不及了，又有什么喜悦而言呢？因此军营中不适宜有欢欣的气氛。如果有欢欣的气氛，不管是和悦，或是骄盈，终究都要面临失败。

士气既主振奋　尤重忧危

【原文】

余见淮军将士虽有振奋之气，亦乏忧危之怀，窃用为虑，恐其不能平贼。庄子云："两军相对，哀者胜矣。"仲连所言以忧勤而胜，以娱乐而不胜，亦即孟子"生于忧患，死于安乐"之指也。其后余因疾病，疏请退休，遂解兵柄，而合肥李相国卒用淮军以削平捻匪，盖淮军之气尚锐。忧危以感士卒之情，振奋以作三军之气，二者皆可以致胜，在主帅相对而善用之已矣。

【译文】

我看到淮军的将士虽然具有振奋的士气，但是不知道居安思危，我暗自担心，担心他们不可以扫平贼人。庄子说："两军相对的时候，心怀忧虑的一方会胜利。"仲连所说的就是以忧虑和勤勉而致胜，因为贪图享乐而失利，这就是孟子说的"生于忧患，死于安乐"。后来，因为我身患顽疾，上疏请求退隐，就失去了调兵遣将的权力，而合肥的李相

国就用淮军对抗捻匪，只是因为淮军的士气还是精锐的。满怀思危之情进而感动士兵的情绪，用奋发的精神振作三军的士气，这两个方面都可以取胜，对于主帅来说只要善于运用它就是了。

劝诫营官四条

【原文】

上而统领，下而哨弁，以此类推。

一曰禁骚扰以安民

所恶乎贼匪者，以其淫掳焚杀，扰民害民也；所贵乎官兵者，以其救民安民也。若官兵扰害百姓，则与贼匪无殊矣。故带兵之道，以禁止骚扰为第一义。百姓最怕者，惟强掳民夫，强占民房二事。掳夫则行者辛苦，居者愁思；占房则器物毁坏，家口流离。为营官者，先禁此二事，更于淫抢压买等事一一禁止，则造福无穷矣。

二曰戒烟赌以儆惰

战守乃极劳苦之事，全仗身体强壮，精神完足，方能敬慎不败。洋烟、赌博二者，既费银钱，又耗精神，不能起早，不能守夜，断无不误军事之理。军事是喜朝气，最忌暮气，惰则皆暮气也。洋烟瘾发之人，涕泪交流，遍身瘫软；赌博劳夜之人，神魂颠倒，竟日痴迷，全是一种暮气。久骄而不败者，容或有之；久惰则立见败亡矣。故欲保军士常新之气，必自戒烟赌始。

三曰勤训练以御寇

训有二端：一曰训营规，二曰训家规。练有二端：一曰练技艺，二

曰练阵法。点名、演操、巡更、放哨,此将领教兵勇之营规也;禁嫖赌、戒游惰、慎语言、敬尊长,此父兄教子弟之家规也。为营官者,待兵勇如子弟,使人人学好,个个成名,则众勇感之矣。练技艺者,刀矛能保身,能刺人;枪炮能命中,能及远。练阵法者,进则同进,站则同站;登山不乱,越水不杂,总不外一熟字。技艺极熟,则一人可敌数十人;阵法极熟,则千万人可使如一人。

四曰尚廉俭以服众

兵勇心目之中,专从银钱上着意。如营官于银钱不苟,则兵勇畏而且服;若银钱苟且,则兵勇心中不服,口中讥议,不特扣减口粮缺额截旷而后议之也。即营官好多用亲戚本家,好应酬上司朋友,用营中之公钱,谋一身之私事,也算是虚糜饷银,也难多兵勇讥议。欲服军心,必先尚廉介;欲求廉介,必先崇俭朴。不妄花一钱,则一身廉;不私用一人,则一营廉;不独兵勇畏服,亦且鬼神钦伏矣。

【译文】

适用于上至统领,下到哨弁,以此类推。

第一条:严禁骚扰　安定民众

百姓之所以痛恨贼匪是因为他们淫掳焚杀,残害百姓;百姓之所以尊敬官兵是因为他们救国安民。如果官兵骚扰百姓,就和贼匪没有区别了。因此统领军队的策略中,将禁止骚扰百姓作为最重要的事情。老百姓最害怕的事情,就是强行抓壮丁与强占民房这两件事情。抓壮丁让离开的人忍受辛苦,留在家里的人就要愁苦思念;强占民房势必会毁坏东西,一家人流离失所。作长官的，首先应该禁止这两件事，如果对于强买强卖这些事情都能一一禁止，就更是造福无穷了。

第二条：戒绝烟赌　警戒懒惰

作战和驻守都是很辛苦的事情，都是凭借着自己身体强壮、精力充足，可以做到敬业谨慎不至于失败。抽洋烟与赌博这两件事，不仅浪费了金钱，还耗费了精神，让士兵不可以早起，不可以在夜里坚守岗位，绝对不可能不存在贻误军事的事情。在行军打仗这件事上最需要朝气，最忌讳的就是死气沉沉，懒惰就是暮气了。洋烟瘾发作的人，涕泪横流，全身软弱无力；彻夜赌博的人，神魂颠倒，每天都痴痴迷迷的，这些都是暮气。长时间的骄傲但却没有失败过的人，或许还会有；但是长时间的懒惰就要马上面临败亡了。因此，想要保住军士的精锐士气，一定要从戒烟戒赌开始。

第三条：勤苦训练　抵御敌寇

营训有两种：一种是训营规，一种是训家规。营练也有两种：一种练技艺，一种是练阵法。点名、操练、巡逻打更、站岗放哨，这就是将领教给士兵的营规；禁止嫖赌、戒除游手好闲、言语上谨小慎微、尊敬尊上，这是父亲和兄长教给自己的孩子和兄弟的家规。作为一名军营里面的长官，对待士兵要像对待自己的子弟一样，让每一个人都学好，个个都成名，那么，士兵就会被感动。练习技艺的人，要做到刀矛可以保护自身，并可以刺杀敌人；枪炮可以击中目标，并可以打得很远。练习阵法的人，前进的时候可以一同前进，站立的时候可以一起站立；即使是登山的时候也不会乱了队伍，过河的时候不会杂乱无章，这些都无外乎一个熟字。如果技艺很熟练，那么一个人可以当作十个人用；阵法已经训练的很纯熟，那么千万人就好像一个人一样。

第四条：崇尚廉俭　以服众人

在士兵的心里，最看重的是金钱。若是营官在金钱方面处理得一丝不苟，那么士兵就会敬畏并且臣服；如果在金钱方面随随便便，那么士兵的心中就会不服气，嘴上讽刺议论，对于那些扣减口粮、缺额截旷的事情也会在背后议论。营官喜欢在招待亲戚，应酬上级与朋友的时候用军营中的钱财，谋求一己之私，也算是浪费金钱，也难免会招来兵勇的诸多讽刺议论。想要士兵从心里服气，一定要廉洁才可；想要求得廉洁，首先应保持俭朴。不随便花费一分钱，就可以保持一身廉洁；不私自任用一个人，那么整个军营都会廉洁；这样做不仅仅是兵勇敬畏服从，就连鬼神都会钦佩折服。

晓谕新募乡勇

【原文】

为晓谕事。照得本部堂招你们来充当乡勇，替国家出力。每日给你们的口粮，养活你们，均是皇上的国帑。原是要你们学些武艺，好去与贼人打仗、拼命。你们平日如不早将武艺学得精熟，将来遇贼打仗，你不能杀他，他便杀你；你若退缩，又难逃国法。可见学的武艺，原是保护你们自己性命的。若是学得武艺精熟，大胆上前，未必即死；一经退后，断不得生。此理甚明，况人之生死有命存焉。你若不该死时，虽千万人将你围住，自有神明护佑，断不得死；你若该死，就坐在家中，也是要死。可见与贼打仗，是怕不得的，也可不必害怕。

于今要你们学习拳棍，是操练你们的筋力；要你们学习枪法，是操练你们的手脚；要你们跑坡跳坑，是操练你们的步履；要你们学习刀、矛、钯、叉，是操练你们的技艺；要你们看旗帜、听号令，是操练你们的耳目；要你们每日演阵，住则同住、行则同行，要快大家快、要慢大家慢，要上前大家上前、要退后大家退后，是操练你们的行伍，要你们齐心。你们若是操得筋力强健，手足伶俐，步履便捷，技艺纯熟，耳目精明，而又大家齐心，胆便大了。一遇贼匪，放炮的放炮，放枪的放枪，刀、矛、钯、叉一齐上前，见一个杀一个，见十个杀十个，哪怕他千军万马，不难一

战成功。你们得官的得官，得赏的得赏，上不负皇上深仁厚泽，下即可慰本部堂一片苦心。本部堂于尔等有厚望焉。今将操练日期，开列于后：

每逢三、六、九日午前，本部堂下教场看试技艺，演阵法。

每逢一、四、七日午前，着本管官下教场演阵，并看抬枪、鸟铳打靶。

每逢二、八日午前，着本管官带领，赴城外近处跑坡、抢旗、跳坑。

每逢五、逢十午前，即在营中演连环枪法。

每日午后，即在本营演习拳、棒、刀、矛、钯、叉，一日不可间断。

临阵有能杀贼一名者，功赏银十两，并赏八品军功。

杀贼二名者，功赏银二十两，并赏六品军功。

杀贼三名以上者，除功赏银三十两外，随即奏请发营，以千把总补用。

拿获长发贼，每名赏银二十两；短发贼，每名赏银十五两。

拿获贼马一匹，即以其马充赏；如不愿要马，将马缴呈，赏银十两。

抢获火药，每桶赏银五两。

抢获铅子，每桶赏银三两。

抢获大炮一尊，赏银十两；小炮一尊，五两。

抢获鸟铳一杆，赏银三两。

抢获刀、矛、旗帜，每件赏银二两。

打仗奋勇当先，虽未得功，亦随时酌给赏号；落后者不赏。如以己物诈功冒赏者，查出捆责四十棍，革除；临阵退缩者，斩杀；假冒功者，枭首示众。

打仗阵亡者，照营制赐恤银五十两，烧埋银十两。

伤分三等：头等赏银三十两，二等赏银二十两，三等赏银十两。

临阵回身，伤在背者，不赏。

诈伤冒功者，查出捆责四十棍，革除。

【译文】

　　下面要说一件事。本部堂将你们召集到这里成为军人，为国家出生入死。每天给你们粮食，养活你们，这些都是国家的钱财。本想让你们学些武艺，可以和敌人打仗、拼命。如果你们平时没有将武艺学好，将来和贼匪作战的时候，你不可以杀死他，他就会来杀你；如果你退缩不前，又难以逃脱国法的惩治。可以见得，学好武艺就是保护你们自己的性命。如果把武艺学得精熟，在作战的时候勇往直前，不一定就会死；但如果往后撤退，就一定不能生还。这个道理显而易见，何况人的生死是命中注定的。倘若不该你死的时候，尽管有千千万万的人包围你，也会有神明护佑你，也肯定不会死；倘若你已经到了死的时候，就算是坐在家中，也是要死的。由此可见，与贼人打仗，是不能害怕的，也不必害怕。

　　如今让你们学习拳棍，主要是为了练习你们的筋骨；让你们学习枪法，主要是为了操练你们手脚上的功夫；让你们跑坡跳坑，是为了操练你们的步伐；要你们学习刀、矛、钯、叉，是为了操练你们的技艺；要你们看旗帜、听号令，是为了练习你们耳目的灵敏度；要你们每天上阵演练，住在一起，一起行动，快的时候一起快，慢的时候一起慢，需要前进的时候大家一起前进，后退的时候大家一起后退，这些主要是为了操练你们的队伍，要你们齐心协力。如果你们操练得筋力强健，手足伶俐，步履便捷，技艺纯熟，耳目精明，而且大家齐心协力，胆子也就大了。一旦遇到贼匪，放炮的放炮，打枪的打枪，刀、矛、钯、叉一起杀上前去，见一个杀一个，见十个杀十个，就算他有千军万马，想要在作战中获胜

也不是难事。到那时，你们做官的有官做，得赏的有钱花，对上不辜负皇上广博的仁义、深厚的恩泽，对下可以安慰我的一片苦心。我对你们抱有很大的期望。现在将操练的日期，安排在下面：

每到三、六、九日的正午之前，我会到教场看技艺比试，操练阵法。

每到一、四、七日午正午之前，我会命令管官到教场进行演练，并且观看抬枪、鸟铳打靶。

每到二、八日正午之前，会由我的管官率领大家到城门外郊处跑坡、抢旗、跳坑。

每到五、到十日正午之前，只在军营中操练连环枪法。

每天中午之后，就在营中练习拳、棒、刀、矛、钯、叉，一天都不可以间断。

在战场上可以杀掉一个敌人的，会奖赏十两银子，并且赐予八品军功。

杀掉两个敌人的，会奖赏二十两银子，并赐予六品军功。

捉获一匹敌人的战马，就用这匹马当作赏金；对于那些不愿意要马的人，将马上交，赏十两白银。

抢获火药的，每桶赏五两银子。

抢获铅子的，每桶赏三两银子。

抢获一尊大炮，奖赏十两银子；抢获一尊小炮的，奖赏五两银子。

抢获一杆鸟铳的人，可以得到三两银子。

抢获刀、矛、旗帜的，每一件可以得到二两银子。

打仗勇往直前的，即便没有立下战功，也会酌情赐予奖赏；落在后面的不予奖赏。如果以自己的东西冒充缴获进行邀赏，查出来的捆绑责打四十军棍，并且开除出队；临阵退缩的，杀头；假冒功的，斩首示众。

打仗阵亡的，按照营部的规定抚恤五十两银子，丧葬费十两银子。

受伤分三等：头等赏三十两银子，二等赏二十两银子，三等赏十两银子。

临阵转身，在背后受伤的，不给予奖赏。

假装受伤冒功的，查出来捆绑责打四十棍，开除出队。

禁扰民之规

【原文】

用兵之道以保民为第一义。除莠去草，所以爱苗也；打蛇杀虎，所以爱人也；募兵剿贼，所以爱百姓也。若不禁止骚扰，便与贼匪无异，且或比贼匪更甚。要官兵何用哉？故兵法千言万语，一言以蔽之曰：爱民。特撰《爱民歌》，令兵勇读之。

【译文】

用兵之道应该将保护民众作为最重要的事情。去除多余的杂草，是因为爱护幼苗；打蛇杀虎，是为了保护人们的安全；招募军队对抗敌人，是因为爱护百姓。如果不对骚扰百姓的行为进行禁止，就和贼匪没有区别了，或者比贼匪更加可恶。招募这些士兵还有什么用啊？兵法纵有千言万语，一句话就可以概括：爱民。因此特意写了这部《爱民歌》，让士兵阅读。

禁洋烟等事之规七条

【原文】

禁止洋烟：营中有吸食洋烟者，尽行责革。营外有烟馆卖烟者，尽行驱除。

禁止赌博：凡打牌、押宝等事，既耗钱财，又耗精神，一概禁革。

禁止喧哗：平日不许喧嚷，临阵不许高声。夜间有梦魇、乱喊乱叫者，本棚之人推醒，各棚不许接声。

禁止奸淫：和奸者责革，强奸者斩决。

禁止谣言：造言谤上、离散军心者严究。变乱是非、讲长说短、使同伴不睦者严究。张皇贼势、妖言邪说、摇惑人心者斩。

禁止结盟拜会：兵勇结盟拜会、鼓众挟制者严究。结拜哥老会、传习邪教者斩。

禁止异服：不许穿用红衣、绿衣、红带、绿带，不许织红辫线，不许扎红绿包巾、印花包巾，不许穿花鞋。

【译文】

禁洋烟等事之规七条

禁止洋烟：军营中有吸食鸦片的人，应该全部革除。军营外面那些卖烟人，应该全部驱除。

禁止赌博：只要是打牌、押宝等赌博行为，这种事情既浪费钱财，又耗费精神，一律禁止。

禁止喧哗：平时的时候不许大声喧哗，临场作战不可以高声大叫。夜间有梦魇、乱喊乱叫的人，只要同住的人推醒就可以了，其他棚之间不可以应声。

禁止奸淫：有过奸淫之事的士兵一律革除，犯有强奸罪的人斩首。

禁止谣言：造谣诽谤将官、离散军心的人一定严究。祸乱是非、说长论短、让同伴不和睦的人一定严肃查究。张皇贼势、妖言邪说、蛊惑人心的人斩首。

禁止结盟拜会：士兵之间结盟拜会、鼓动众人者需要严格查究。结拜哥老会、讹传邪教风气的人应当斩首。

禁止异服：不许穿用红衣、绿衣、红带、绿带修饰的衣服，不许用红辫线绑头发，不许扎红绿包巾、印花包巾，不许穿花鞋。

附录一 曾国藩大事年表

嘉庆十六年（辛未，1811）一岁

国藩在这年十月十一日亥时生。

嘉庆十七年（壬申，1812）二岁

嘉庆十八年（癸酉，1813）三岁

嘉庆十九年（甲戌，1814）四岁

六月间妹国蕙生。

嘉庆二十年（乙亥，1815）五岁

嘉庆二十一年（丙子，1816）六岁

开始在家塾里读书。十月间曾祖父竟希公去世。

嘉庆二十二年（丁丑，1817）七岁

跟着父亲竹亭读书。

嘉庆二十三年（戊寅，1818）八岁

八月间妹国芝生。

嘉庆二十四年（己卯，1819）九岁

嘉庆二十五年（庚辰，1820）十岁

五月间弟国潢生。

道光元年（辛巳，1821）十一岁

道光二年（壬午，1822）十二岁

五月间弟国华生。

道光三年（癸未，1823）十三岁

道光四年（甲申，1824）十四岁

和欧阳夫人订婚。到长沙应童子试。八月间弟国荃生。

道光五年（乙酉，1825）十五岁

道光六年（丙戌，1826）十六岁

应童子试考取第七名。

道光七年（丁亥，1827）十七岁

道光八年（戊子，1828）十八岁

九月间弟国葆生。

道光九年（己丑，1829）十九岁

道光十年（庚寅，1830）二十岁

到衡阳唐氏家塾去读书。九月间季妹生。

道光十一年（辛卯，1831）二十一岁

从衡阳回来，到本邑涟滨书院读书。

道光十二年（壬辰，1832）二十二岁

道光十三年（癸巳，1833）二十三岁

补县学生员。十二月间和欧阳夫人结婚。

道光十四年（甲午，1834）二十四岁

中举人。十一月到北京去。

道光十五年（乙未，1835）二十五岁

在北京。会试不售，留京读书。

道光十六年（丙申，1836）二十六岁

出京经江南到湖南。

道光十七年（丁酉，1837）二十七岁

十二月间离开湖南到北京去。

道光十八年（戊戌，1838）二十八岁

中进士。授翰林院庶吉士。八月出都，十二月到家。

道光十九年（己亥，1839）二十九岁

十一月子纪泽生。北上，十二月经过汉口。这一年开始记日记。

道光二十年（庚子，1840）三十岁

授职翰林院检讨。不久又派为顺天乡试磨勘官。

道光二十一年（辛丑，1841）三十一岁

充国史馆协修官。

道光二十二年（壬寅，1842）三十二岁

和倭仁等讲究学问。这年春天中英鸦片战争，订《南京条约》。

道光二十三年（癸卯，1843）三十三岁

做四川正考官，后来补为翰林院侍讲，回京充文渊阁校理。

道光二十四年（甲辰，1844）三十四岁

充翰林院教习庶吉士，后来转补翰林院侍读。

道光二十五年（乙巳，1845）三十五岁

升翰林院侍讲学士；十二月补日讲起居注官，充文渊阁直阁。

道光二十六年（丙午，1846）三十六岁

十一月祖母逝世。

道光二十七年（丁未，1847）三十七岁

七月授内阁学士，兼礼部侍郎衔；十月充武会试的正总裁；又派为殿试的读卷大臣。

道光二十八年（戊申，1848）三十八岁

第二个儿子纪鸿生。

道光二十九年（己酉，1849）三十九岁

被任为礼部右侍郎，八月间兼署兵部右侍郎。十月，祖父星冈公卒，请假两月服丧。

道光三十年（庚戌，1850）四十岁

清帝文宗即位。十月兼署兵部左侍郎。

咸丰元年（辛亥，1851）四十一岁

疏陈简练军实以裕国用的奏折，为咸丰帝所赞许。又上敬陈圣德一疏，很多切直的话，为大家所注意。五月兼署刑部左侍郎。

咸丰二年（壬子，1852）四十二岁

这时太平天国已经起事年余，清军乌兰太、向荣不能胜。国藩疏请宽免胜保处分，以广言路。六月被任为江西正考官，走到安徽太湖县境，听到母亲江太夫人的讣耗，八月回家。

太平军从广西进湖南，围长沙不克，沿洞庭湖东下，连占岳州、汉阳、武昌等处。国藩奉命办理团练，在长沙操练湘军。

咸丰三年（癸丑，1853）四十三岁

太平军攻下安庆，建都南京。七月湘军到南昌。八月国藩移驻衡州，创办水师。太平军攻下九江，南昌戒严。十二月太平军攻下庐州，江忠源战死。

咸丰四年（甲寅，1854）四十四岁

在衡州经营水师。太平军下岳州，国藩从岳州败退长沙，塔齐布在湘潭获胜；五月在靖港战败，国藩投水自杀未成。七月攻克岳州，八月攻下武昌、汉阳，国藩便带兵东下，围攻九江。

咸丰五年（乙卯，1855）四十五岁

二月，太平军以夜间开小艇袭国藩营，其坐船为敌军所获，文卷都因此散失尽了，国藩躲往罗泽南营。

回南昌重振水师。三月进驻南康。五月在青山获胜。这时塔齐布卒于军中。到九江巡视后仍回南康，九月进驻屏风。太平军石达开部来江西，连下新昌、安福、万载等县，直逼南昌。彭玉麟在衡州听到江西紧急，赶回南康，派水师扼守临江。

咸丰六年（丙辰，1856）四十六岁

彭玉麟在樟树镇获胜。太平军攻下吉安，国藩回南昌助守。诸弟听到阿兄的警耗，国华从湖北带兵五千转战而东，直达瑞州府；国荃在长沙募勇二千人，称做"吉字营"，到江西相救。九月国藩到瑞州劳师，不久便回南昌。十一月国荃进攻吉安。胡林翼派人东征，连下武昌、黄州、蕲州，直达九江城外。十二月国藩赴九江劳师，不久便回南昌。

咸丰七年（丁巳，1857）四十七岁

二月初四父亲竹亭在湘乡逝世，国藩和国华从瑞州奔丧，国荃从吉安奔丧。奏陈丁忧回籍，得假三月。九月因江西军务，渐有起色，清廷允许国藩在籍守制。十月国荃进兵吉安，和太平军石达开部交战，获得胜利。十二月楚军克临江府。

咸丰八年（戊午，1858）四十八岁

国藩在家乡小住。国荃、李续宾、杨载福等，慢慢肃清了江西。太平军入浙江，清廷命国藩出来办理浙江军务。曾国藩便从湘乡到长沙，经武昌、九江、湖口，以达南昌。八月到湖口营，国荃攻克吉安，江西全省肃清。九月移驻建昌府，十月李续宾和国华战殁于三河镇。

咸丰九年（己未，1859）四十九岁

二月萧启江攻克南安，闽省肃清，国藩移驻抚州。六月国荃打下景德镇。七月国荃带兵从抚州到南昌。他的弟弟贞干（国葆）在广州从军。八月国藩到黄州，立刻又到武昌。十月计划四路进兵，不久因目疾请假，在营休养。十一月从黄梅移驻宿松县。

咸丰十年（庚申，1860）五十岁

二月叔父高轩逝世，国藩请假四十天。闰三月国荃从湖南来营，领兵进攻安庆。国藩疏请左宗棠刚明耐苦，晓畅兵机，请破格录用。这时太平军占领苏、常，国荃专力围攻安庆。六月国藩到祁门县。八月太平军攻下宁国府，祁门危急。左宗棠军抵景德镇，在贵溪打退太平军，陈玉成大举援安庆，被国荃击退。

咸丰十一年（辛酉，1861）五十一岁

太平军围攻祁门，势很危急，二月攻下景德镇。三月国藩亲自到休宁督攻徽州不下，仍回祁门。四月移驻东流县。八月国荃攻下安庆省城。这时候清帝咸丰已死，同治即位。九月国荃进军庐江县。十二

月清军屡获胜利,清廷命彭玉麟为安徽巡抚,国藩疏称玉麟素统水师,舍舟登陆,用违其长,请仍领水师。

同治元年(壬戌,1862)五十二岁

国藩被任为两江总督协办大学士。二月左宗棠攻下遂安县。国荃带领了新募的湘勇六千人到安庆。三月李鸿章带领着淮军到了上海皖浙一带,清军迭有胜利。四月国荃打下金柱、关东、梁山、芜湖。太平军逼上海,李鸿章苦战退敌。这时江南疫病流行,李秀成趁机围攻国荃大营,国荃死守。十一月贞干在军中逝世。

同治二年(癸亥,1863)五十三岁

正月国藩从安庆出来东行视师,二月底回安庆。三月国荃被任为浙江巡抚。李鸿章攻下昆山。国荃进攻雨花台,占领聚宝门外石垒。四月太平军反攻,清军坚守不出。八月李鸿章攻克江阴。九月国荃占领秣陵关,清军扎孝陵卫,逼近南京。十月李鸿章攻克苏州。

同治三年(甲子,1864)五十四岁

正月国藩在安庆。国荃夺得天保城。二月左宗棠克杭州余杭。四月李鸿章攻下杭州,太平军大举入皖,国藩在徽州失利。五月清政府令李鸿章助攻南京,李鸿章不愿争功,按兵不动。六月国荃攻下南京,太平天国灭亡。曾国藩受封为一等侯爵,国荃为一等伯爵。国藩从安庆到南京,亲审李秀成。七月国藩裁去湘军二万五千人,回安庆。左宗棠平浙江。曾国荃请病假。九月国藩回南京就两江总督任。十月国荃回湘。捻军起事。

同治四年（乙丑，1865）五十五岁

四月捻军势大盛，僧格林沁在曹州阵亡，五月清廷命国藩前赴山东一带督师，国藩起程北上，剿捻不能获胜。十月因病请假一月。十一月清廷命国藩将军务交李鸿章接办，回两江本任，办理饷需。国藩驻兵徐州。御史穆缉香阿弹劾国藩师久无功。

同治五年（丙寅，1866）五十六岁

二月从徐州北上，在山东一带剿灭捻军，仍不能获胜。十月请假一月休养。国藩请开去两江总督缺，仍在军营服役。

同治六年（丁卯，1867）五十七岁

正月国藩从周家口到徐州，仍旧接受两江总督的印信。清廷命李鸿章做湖广总督。二月李鸿章到河南督师，国藩从徐州回到南京。十月曾国荃请开去湖北巡抚缺，回籍养病。十二月李鸿章剿平东捻。

同治七年（戊辰，1868）五十八岁

四月国藩从南京出巡，巡扬州、镇江、苏州等处，闰四月初十日到上海，查阅舰炮工程，不久便回南京。清廷调国藩做直隶总督，十一月从南京启行，十三日到北京，第二天谒见清太后慈禧。

同治八年（己巳，1869）五十九岁

正月和慈禧谈练兵和吏治的方法，二十日出北京，巡视永定河堤工，二十七日到保定省城，二月就直隶总督职。国藩决定直隶练兵，应参用东南募勇的方法，仍旧由户部筹饷，而后营务才有起色。

同治九年（庚午，1870）六十岁

三月国藩左目失明。四月患眩晕的疾病，请假一月调理，后来又续假一月。这时候天津发生教案，引起对外交涉，清廷命国藩调补两江总督。九月天津教案解决。国藩入京和清廷谈论教案外交国防等事。十月十一日做寿，十二月回南京。

同治十年（辛未，1871）六十一岁

七月国藩和李鸿章曾请清廷派刑部主事陈兰彬、江苏同知容闳，选带聪敏子弟，出洋学习技术。八月出省大阅。十月到吴淞口检阅，并试演轮船，十五日回南京。

同治十一年（壬申，1872）六十二岁

正月二十三日国藩患肝风疾病，右足麻木，许久才痊。二十六日肝风又发作一次。二月初二日国藩正在看书，势笔而手颤，不能说话。他自己晓得死亡在即，留下遗言。初四日到衙门后面西花园散步，游毕将要回来，忽然连说脚麻，扶到厅堂，不久便逝世了。

附录二 曾国藩家族谱系

曾祖讳竞希，诰赠光禄大夫，妣彭氏，诰赠一品夫人。

祖讳玉屏，字星冈，诰封中宪大夫，累赠光禄大夫。妣王氏，诰封恭人，累赠一品夫人。

考讳麟书，字竹亭，湘乡县学生员（塾师），诰封中宪大夫，累封光禄大夫。妣江氏，诰封恭人，累封一品夫人。

太高祖贞桢（元吉公）

高祖父尚庭（辅臣公）

曾祖父衍胜（竞希公）（1743～1816）

祖父玉屏，字兴文（星冈公）（1774～1849）

父毓济，字竹亭（麟书）（1790～1857）

母江氏（1785～1852）

外祖父：江良济（1750～1835）字沛霖，号云峰，行聪六。原配刘氏（1750～1778）早殁。

外祖母：熊氏

大舅：江明盛（1777～1862）字永熙，行冠六。刘氏生。

二舅：江宾盛（1790～1843）字永燕（通十舅）。刘氏生。

三舅：江如盛（1754～1874）字阜盛，又字永董（南五舅）。熊氏生。

叔曾鼎尊（1797～1820）派名毓台，号上台，年24即逝。

叔曾骥云（1807～1860）派名毓驷，号高轩，配罗氏，无子，抚国华为嗣。

平辈：五个兄弟，四个姐妹，老大是姐姐，是兄弟辈里排行最大的。

曾国藩（1811～1872）派名传豫，乳名宽一，字伯涵、子城，号涤生。

元配：欧阳氏（1816～1874）衡阳人。

如夫人：陈氏（1840～1863）江宁人。

岳父：欧阳凝祉（1784～1869）初名鳌，又名沧溟，字福田。

岳母：邱氏（生长子牧云，字秉栓；次子凌云，字秉钧，长女适曾国藩，次女适彭治官）

曾纪泽（1839～1890）字劼刚，号梦瞻。是曾国藩长子。官至兵部左侍郎。

妻子：贺氏（1840～1857）元配，婚后一年难产死，贺长龄亡女。

刘氏（1841～1903）继配，刘蓉之女。生子女各3人。

曾纪鸿（1848～1881）字栗诚，是曾国藩次子。对数学颇有研究。其妻郭氏名筠，字诵芬，《艺芳馆诗钞》作者，郭沛霖之女。

曾纪静（1841～?）字孟衡，曾国藩长女。她与丈夫袁榆生感情不和，久而忧郁成疾，终身未及生育，晚景凄凉。女婿袁榆生（字秉桢，湘潭县人，袁漱六之子）。

曾纪耀（1843～1881）字仲坤，曾国藩次女。夫家经济困窘，但她牢记父训，多方筹划家务以尽妇道，且与家人和睦相处，虽未生育，但深得两个嫂子信任，继养两个女儿，其次女后来成为民国要人朱启钤的第一夫人。病逝于巴黎。女婿陈松年（1844～1884）字远济，茶陵人，陈源兖亡子。

曾纪琛（1844～1912）字凤如，曾国藩第三女。丈夫罗允吉，其父罗泽南是湘军早期重要将领，性情暴躁固执，婆母悍厉刻薄。女婿罗允吉，字兆升，湘乡人，罗泽南子。

曾纪纯（1846～1881）曾国藩第四女。她的丈夫郭依永，其父郭嵩焘是中国近代史上第一位驻外大使。丈夫英年早逝，结婚三年就成了寡妇，含辛茹苦抚育两个幼子，35岁时就病亡。女婿郭依永，字刚基，一名立篪，湘阴人，郭嵩焘亡子。

曾纪芬（1852～1935）晚号崇德老人，曾国藩幼女。在兄弟姐妹七人中，不仅年寿最高而且比四个姐姐命运要好。丈夫和儿子均是清末民初著名的民族资本家。三女婿张其煌系清光绪年间进士，民国初年曾任湖南军政府军事厅长。五女婿瞿宣颖系晚清重臣瞿鸿机之子。

女婿聂缉椝，字仲芳，衡山人，聂亦峰子。

曾国潢（1820～1886）派名传晋，原名国英，字澄侯。族中排行第四。

曾国华（1822～1858）派名传谦，字温甫。族中排行第六，是曾国藩父亲曾麟书的第三子，因为出继为叔父曾骥云之子。后战死于三河镇。

曾国荃（1824～1890）派名传恒，字沅甫，号叔纯。是曾国藩的三弟，因在族中排行第九，故人称"曾老九"。

曾国葆（1828—1862）派名传履，字季洪，后更名贞斡，字事恒。是曾国藩五弟。病逝于军中。

曾国兰（1808～1863）嫁王国九（字鹏远，号万程，贺家坳人，与国兰有二子一女，长子王临三，次王昆八，女适贺孝七之子），曾国藩的姐姐。

曾国蕙（1814～1864）嫁王待聘（又名王率五，为王国九排行兄弟），曾国藩的妹妹。

曾国芝（1817～1846）嫁朱咏春（又名丽春，号存一，梓门桥人），曾国藩的妹妹。

满妹（1830～1839，痘殇）

曾纪泽系

元配：贺氏（1840～1857）婚后一年难产死，贺长龄女。

继配：刘氏（1841～1903）刘蓉之女。生子女各3人。

曾广铨（1871～1930）字靖彝，号敬怡，曾纪泽抚子，曾纪鸿四子。

元配李氏（1871～1918）平江人，李元度之女，生子。

曾约农（1893～1986）

曾广铭（二子，幼殇）

曾广銮（1873～1920）字君和，曾纪泽三子。

配：陈氏（1876～1932）长沙陈彰缓女，抚子一。

侧室：周氏（1880～1943）武岗人，生女一。

侧室：黄氏（1890～1932）浏阳人，带义子一。

曾广阳（曾纪泽四子，字骧伦，号庆博，8岁时病亡）

曾广璇（1860～1889）又名福秀，曾纪泽长女。

嫁：李经馥（1861～1902）原名经郭，字环卿，号幼仙，是李鸿章弟弟李鹤章的第四个儿子。

曾广珣（？~1899）又名宝秀，曾纪泽次女。

嫁：吴永（1865~1936）字渔川，别号观复道人，浙江吴兴人。

曾昭（木炎占）（1893~1986）字约农，曾广铨长子。

曾昭润（1914~1933）曾广铨次子，20岁病亡。

曾昭撰（1907~1926）字师韩，曾广銮抚子，曾广镕第三子，20岁时病亡。

曾宝荀　曾广铨侧室许氏所生，嫁涟源市李进崧。

曾宝苏　曾广銮侧室周氏所生，嫁益阳人蔡声瑞。

曾纪鸿系

配：郭氏（1847~1935）名筠，字诵芬，《艺芳馆诗钞》作者，郭沛霖之女。

曾广钧（1866~1929）字重伯，号环远、约思，曾纪鸿长子。

元配：唐氏（1866~1890）长沙唐树楠之女，未生育。

继室：赵氏（1871~1933）衡山赵桃吉之女，未生育。

侧室：帅氏（1872~1935）湘潭人，生有一子，幼殇。

侧室：陈氏（1873～1937）电白人，梁鼎芬义妹，生子昭桦，生女宝荪。

侧室：华氏（1878～1918）江苏句容华思治之女，生子昭杭、昭权、昭柯。

曾广镕（1870～1929）字理初，号甄远，曾纪鸿第三子。

元配：黄氏（1868～1900）安化人，黄自元之女。

继室：周氏（1881～1923）长沙人，周明远之女。

曾广钟（1875～1923）字君融，号季融，又号葆光，曾纪鸿第五子。

元配：萧氏（1872～1945）衡阳萧韶女，生有三子二女。

侧室：陈氏（1881～？）湘乡人，生有二女。

曾广珊（曾纪鸿独女）

嫁：俞明颐（字寿臣）生俞大因（1905～1966，女）、俞大维

曾昭杭（1899～？）字爱山，曾广钧次子。

元配：郭道诜（1901～1926）湘阴人。

继室：周碧莹（1906～？）沅江县人，生有一子一女。

曾昭桦（1906～1949）字瀛士，号酌霞，曾广钧第三子。

曾昭柯（1918～1991）字邠卿，号本则，曾广钧第四子。

曾昭亿（1903～1975）字师鲁，曾广镕次子。

曾昭楑（1906～？）字师齐，曾广镕第三子。

配：陶希庆（1907～？，安化人，生有一子三女）

曾昭棉（1906～？）号念慈，曾广镕第五子。

配：王成坤（1915～？）双峰县人，生有一子一女）

曾昭谏（1917～？）号感慈，曾广镕第六子。

曾昭权（1894～？）字威谋，曾广钟长子。

配：李懿康（1897～？，双峰人，生有六子二女）

曾昭桓　字仲（䍩），曾广钟次子。

配：黄友黻（1899～？，湘潭人，生有一女）

曾昭榕（1909～1932）字佛保，曾广钟第四子。

曾宝菡（1896～？）女，号咸芳，曾广钟元配萧氏所生。

曾宝荷　女，曾广钟元配萧氏所生，嫁双峰县周国铨。

曾宝荪（1893～1978）女，字平芳，号浩如，曾广钧侧室陈氏所生。创办长沙艺芳女校。

曾宝菱　女，曾广镕元配黄氏所生，嫁长沙姚源纶。

曾宝芝　女，曾广镕继室周氏所生，嫁河北宛平县冯大可。

曾宝蘅　女，曾广镕继室周氏所生，嫁长沙于熙杰。

曾宝施　女，曾广镕继室周氏所生，嫁长沙于熙俭。

曾玉莎　女，曾广镕继室周氏所生，嫁浏阳刘作燮。

曾宪文　1926年生，曾昭揆抚子，曾昭权第五子。

曾宪衡　1935年生，曾昭杭长子。

曾宪和　1945年生，号颂平，曾昭柯长子。

曾宪华　1946年生，字小岑，曾昭棉长子。

曾宪荣　（1918～1934）曾昭权子。

曾宪森　（1923～1996）曾昭权子。

曾宪怡　1936年生，曾昭榕抚子，曾昭权第六子。

曾国潢系

配：汪氏

曾纪梁（1842～1925）字晓臣，号介石，曾国潢长子。

配：魏氏（1840～1906）衡阳魏承樾次女，生四子八女。

曾纪湘（1849～1870）字耀衡，配易氏（1849～1895）其父易良翰系罗泽南弟子，湘军将领。

曾广祚（1879～1931）字延佑，号泳周，曾纪梁第四子。

配：陈氏（1878～1939，茶陵陈池生女，生六儿六女）

曾广荣（1879～1933）曾纪湘抚子，曾纪渠次子。

元配：陈氏（1881～1914）双峰人，生有五子六女。

继室：欧阳氏（1896～1919）。

侧室：王氏（1888～1919）生子一。

曾昭承（1897～?）字邵恂，号振揆、仲威，曾广祚次子。

元配：汪清若（1896～?）长沙人，生二子。

曾昭抡　（1899～1967）字？奇，号俊奇。曾广祚子。

曾昭拯　（1911～?）字振夏，号少杰，曾广祚第五子。元配：劳氏（1917～?广东人）

曾昭垄　曾广荣次子。

曾昭佑　（1907～?）字咸彝，曾广荣第三子。

曾昭融　曾广荣四子。

曾昭辉　曾广荣五子。

曾昭文　曾广荣七子。

曾昭楣　（1920～?）曾广荣女。嫁谭延闿之子谭季甫。

曾昭橘　（1909～1964）曾广祚第三女。

曾昭懿　（1913～?）曾广祚第四女。

曾昭磷　（1918～?）曾广祚第五女。

曾国荃系

曾纪瑞（1849～1880）字伯祥，号符卿，又号酉臣，曾国荃长子。

配：江氏（1848～1904）今双峰县人，生三子三女。

曾纪官（1852～1881）字剑农，号郏卿，又字愚卿，又号思臣，曾国荃次子。

元配：欧阳氏（1848～1869）衡阳县人，生有一子一女。

继室：刘氏（1852～1930）长沙人，生有一子二女，次女嫁湘阴左念贻。

曾广汉（1867～1913）字纯一，号慕陶，又号琛远，曾纪瑞长子。

元配：丁氏（1864～1895）湖南清泉县人。

继室：徐氏（1877～1952）浙江仁和县人，生有二子一女。

曾广河（1874～1898）字和一，号百航，又字幼符，又号梦荪，曾纪瑞第三子。

元配：陈氏（1868～1931）生有三子三女。

曾广江（1868～1921）字熙一，号廷凯，又字霖森，又号涵元，

曾纪官长子。

元配：唐氏（1867～1942）善化唐树楠女。

侧室：石氏（1882～1945）邵阳人。

曾昭言（1889～?）字仲起，号骧荪，又号德升，曾广汉第四子。

元配：魏氏（1884～1922，宝庆人，其父魏光焘为魏源族孙）。

侧室：王氏（1905～?）浏阳人。

曾昭都（1898～?）字佶庵，曾广汉第七子。

曾昭六（1900～?）字汝嘉，曾广汉第九子。

曾兆永　女，曾广汉侧室罗氏所生，嫁东安人席嘉运。

曾昭钱　（1890～1928）字绍彭，号介眉，曾广河长子。

曾昭南　（1893～?）字程九，号曼云，又号忆屏，曾广河次子。

曾昭杰　（1896～?）字?庵，号琴禅，曾广河第三子。

曾兆莲　曾广河夫人陈氏所生长女，嫁长沙朱驰范。

曾兆芹　曾广河夫人陈氏所生次女，嫁长沙黄益诚。

曾兆慈　曾广河夫人陈氏所生三女，嫁溆浦刘润生。

曾昭和　（1888～?）字镇渭，号伯康，曾广江长子。

曾昭平　（1893～1943）字镇滢，号仲康，曾广江次子。

曾昭义　（1898～?）字镇濂，号印荪，曾广江第四子。

曾昭祁　（1903～?）原名昭明，字镇洛，号锡繁，曾广江第五子。

曾兆兰　曾广江夫人唐氏所生第四女，嫁江西萧显侯。

曾兆蕙　曾广江侧室石氏生长女，嫁长沙杨文龙。曾兆萱：曾广江侧室石氏生三女，嫁福建黄永彰。

曾宪模　（1907～？）字君度，曾昭言长子。

曾宪榕　曾昭都元配张氏所生次女，嫁邵德琳。

曾宪楣　曾昭六元配黄氏生，嫁长沙彭自强。

曾先橘　曾昭六元配黄氏生，嫁云南杨镜清。

曾宪蕙　曾昭六继室凌氏生，嫁湘阴李沛铭。

曾宪芬　曾昭南元配童氏生，嫁长沙邓望溪。

曾宪棠　曾昭杰元配刘氏生，嫁宁乡洪炳奇。

曾宪楷　曾昭和元配李氏生长女。

曾宪植　曾昭和元配李氏生次女，1937年与叶剑英结婚。

曾宪榛　曾昭和元配李氏生三女，嫁长沙戴新杰。

曾宪栀　曾昭平元配唐氏生长女。

曾宪柯　曾昭平元配唐氏生次女。嫁岳阳梅林。

曾宪棣　曾昭平元配唐氏生三女。

曾宪苏　曾昭平元配唐氏生四女。嫁新化陈显仁。

曾国葆系

曾国葆（1828~1862）派名传履，字季洪，后更名贞榦，字事恒。

曾纪渠（1848~1897）字寿人，号修源，又号静臣，曾国葆抚子，曾国潢次子。

元配：朱氏（1846~1886）朱尧阶次女。

曾广敷（1866~1911）字忍？，号俊师，曾纪渠长子。

元配：陈氏（1866~1936）生有二子一女。

曾广镛（1884~1937）名钝，曾纪渠第四子。

元配：马氏（1884~?）衡阳人，生有八子一女。

曾广铎（1892~1936）字声伯，号觉师，曾纪渠第七子。

曾广泰（1895~?）字履祥，号弼师，曾纪渠第九子。

曾广滋（1896~1945）字秩宗，号德师，曾纪渠第十子。

昭字辈以下略。

曾国华系

曾纪寿（1855～1930）字岳松，曾国华次子。

元配：李氏（1854～1872）李续宾之女。

参考文献

①《曾国藩为官处世兵法》 阿杰编著 中国三峡出版社，2010

②《曾国藩谋略大全》 郭超，马道宗主编 华文出版社，2010

③《曾国藩谋略——家庭书柜丛书》 周翠玲译注 广东旅游出版社，2008

④《曾国藩谋略与方圆之道》（最新版） 张雷锋编著 中国财富出版社，2008

⑤《曾国藩智慧谋略大全集》 郝强编著 新世界出版社，2012